中公新書 2313

アンネッテ・ヴァインケ 著
板橋拓己 訳

ルク裁判

かれたのか

公論新社刊

訳者まえがき

ナチ・ドイツの犯罪

一九三三年一月、アードルフ・ヒトラーがドイツの首相に就任した。権力掌握後ほどなくして、ヒトラー率いるナチ・ドイツは、既存の国際秩序を次々と破壊し、国内では「民族共同体」のスローガンのもと、ユダヤ人をはじめとするマイノリティを苛酷に弾圧した。そして一九三九年九月、ドイツのポーランド侵攻に対し、英仏がドイツに宣戦布告を発し、第二次世界大戦が始まった。

当初ドイツは西部戦線で圧勝するも、一九四一年六月に始まる独ソ戦から戦争は泥沼化し、四三年初頭のスターリングラードでのソ連の勝利から形勢は逆転する。ナチ・ドイツは絶望的な戦争を続けながら、国内と占領地で苛烈な人種政策と反対派の弾圧を加速させ、それはユダヤ人の大量殺戮、いわゆるホロコーストにまで行き着いた。

第二次世界大戦も後半に入ると、連合国は、ナチ・ドイツの侵略戦争と、彼らがおこなっている未曽有の犯罪にいかに対処すべきか悩む。ナチ・ドイツは、その侵略性もさることながら、占領地域における戦時捕虜や民間人に対する殺害、略奪、強制労働への徴用など、既存の戦時国際法を踏みにじっていた。さらに、六〇〇万人に及ぶユダヤ人の体系的殺戮は、もはや既存の国際法では捉えきれない重大な犯罪であった。

一九四五年五月、ドイツは連合国に対して無条件降伏した。米英仏ソの連合国は、ナチ・ドイツの侵略戦争と先例なき大犯罪を前にして、八月にロンドン協定と国際軍事裁判所憲章を締結し、国際軍事法廷の設置に合意する。

その後、一九四五年一〇月から四九年四月まで続く「ニュルンベルク裁判」では、二〇〇名以上のナチ体制の代表者たちが、新旧の国際刑事法規範に基づいて、それぞれの罪責を問われることになった。

本書は、ドイツ人研究者がこのニュルンベルク裁判の全体像を簡潔に解説した作品である。

ニュルンベルク諸裁判――国際軍事法廷と継続裁判

「ニュルンベルク裁判」というと、多くの人は、一九四五年一一月から四六年一〇月にかけておこなわれた、国家元帥ヘルマン・ゲーリングを筆頭としたナチ・ドイツの主要戦争犯罪人二四名と六つの犯罪組織に対する、米英仏ソの国際軍事法廷を思い浮かべるだろう。もちろん、本書もこの国際軍事法廷（ＩＭＴ／Trial of the Major War Criminals Before the International Military Tribunal）について、その成立経緯も含めて論じている（第1・2章）。

だが、本書が対象とする「ニュルンベルク裁判」はより広い。

本書の原タイトルは *Die Nürnberger Prozesse* と複数形であり、正確に訳せば「ニュルンベルク諸裁判」となる。これは、国際軍事法廷のすぐ後におこなわれた、一二の「ニュルンベルク継続裁判」（ＮＭＴ／Trials of War Criminals Before the Nuremberg Military Tribunals）も、対象としていることを意味する（第3章）。

ニュルンベルク継続裁判とは、国際軍事法廷では起訴されなかった重要な戦争犯罪人を裁くため、連合国の管理理事会法第一〇号（一九四五年一二月二〇日）に基づき、国際裁判の権限を委任されて設立された、アメリカによる軍事裁判のことである。

このアメリカが単独で管轄したニュルンベルク継続裁判では、ナチス「第三帝国」のエリート、すなわち医師、法律家、親衛隊員、警察官、軍人、企業家、経営者、閣僚、政府高官ら計一八五名が、一二の裁判でそれぞれ裁かれた。

最初の医療関係者二三名を審理する「第1号事件」（継続裁判は事案ごとに「第～号事件」

と呼称された）は一九四六年一二月に始まり、閣僚や政府官僚二一名を裁いた「第11号事件」の結審によって、四九年四月に終了した。

本書は、この継続裁判も含めた、ニュルンベルク裁判全体を扱っているという点で、貴重な作品である（以下、本書で「ニュルンベルク裁判」といった場合、「国際軍事法廷」と、一二の「継続裁判」を合わせた計一三の裁判を含むものとする）。

さらに本書は、ニュルンベルク裁判が、戦後ドイツ、すなわち一九四九年に成立したドイツ連邦共和国（西ドイツ）とドイツ民主共和国（東ドイツ）にどのような影響を与えたかを考察している（第4章）。

そして、ニュルンベルク裁判が打ち立てた諸原則が、第二次世界大戦後の世界にどのように継承されてきたかも検討している（終章）。それは、極東国際軍事裁判（東京裁判）や、一九四八年の世界人権宣言とジェノサイド条約に始まり、冷戦期の「民衆法廷」の試みを経て、冷戦後の国際刑事裁判の復興にまでいたるストーリーである。

本書は、ニュルンベルク裁判の全体像と、その戦後世界への影響を学ぶための恰好の入門書である。

新しい法概念による戦犯裁判

ニュルンベルク裁判は、通常の戦争犯罪のみならず、「平和に対する罪」や「人道に対する罪」という新しい概念で戦争犯罪人を裁いた初めての戦犯裁判である。

前述の一九四五年八月の国際軍事裁判所憲章では、「平和に対する罪」(第六条a)、「戦争犯罪」(第六条b)、「人道に対する罪」(第六条c)が刑罰規範として条文化された。これに基づき、国際軍事法廷において検察側は、「侵略戦争遂行のための共通の計画・共同謀議」(訴因Ⅰ)、「平和に対する罪」(訴因Ⅱ)、「戦争犯罪」(訴因Ⅲ)、「人道に対する罪」(訴因Ⅳ)の四つの訴因で戦争犯罪人を訴追している。

一方、管理理事会法第一〇号に依拠した継続裁判では、基本的に国際軍事裁判所憲章の刑罰規範を継承しつつ、国際軍事法廷よりも多岐にわたる訴因が提示され、「人道に対する罪」の適用範囲も広がりを見せた。詳しくは本書を読んでいただきたいが、一例を挙げれば、「犯罪組織への所属」ということ自体が、ひとつの訴因を形成したりした。

他方で、ニュルンベルク国際軍事法廷の枠組みが、直後の極東国際軍事裁判(東京裁判、一九四六年五月～四八年一一月)に転用されたことは、よく知られていよう。

たとえば、しばしば論争の的となる「A級戦犯」という概念は、「平和に対する罪」(＝A

級犯罪）について東京裁判で起訴された者を指す（この点について詳しくは終章を参照）。先行、あるいは同時進行したニュルンベルク裁判を知らずして、東京裁判を理解することもできないのである。

著者のアンネッテ・ヴァインケ（現イエナ大学近現代史講座研究助手）は、人権と国際法の歴史、連合国の非ナチ化政策、東西ドイツにおけるナチ訴追をテーマに、旺盛に活躍している中堅の研究者であり、その信頼性は高い（著者の経歴や業績の詳細は訳者解説を参照されたい）。

ドイツと同様に「戦後」という重要な課題を抱える日本に住むわたしたちにとって、本書は「戦後」を考えるよい糸口となるだろう。

目次

第4章　戦後ドイツへの影響

――東西の相違と政治文化の転換

ニュルンベルク裁判
——ナチ・ドイツはどのように裁かれたのか

凡例

1 本書は、*Annette Weinke, Die Nürnberger Prozesse*, München: C.H. Beck, 2006 の全訳である。翻訳にあたっては、C・H・ベック社から提供されたPDF版を底本にした。ただし、二〇一五年二月に原書の第二版の出版が予定されていたため、改版にあたっての変更箇所を著者に問い合わせ、訳文に反映させた。

2 原文の《 》およびイタリックは原則的に「 」とした。ただし原文に《 》のない箇所にも訳文では「 」を用いた箇所がある。

3 原文の（ ）は訳文でも（ ）とした。

4 〔 〕は原著者ヴァインケによる挿入であり、訳者による補足は［ ］とした。ただし、一般向けの新書という性格に鑑み、［ ］をつけていなくても、訳者の判断で説明的な語句を補足している場合が多々あることをお断りしておきたい。

5 同様に、読みやすさのため、原書よりも改行を増やし、小見出しもかなり増やした。なお、原書には小見出しが一八しかない。

6 原書に註はない。註記はすべて訳者によるものである。

7 本書中の写真や図表は、3－1以外、C・H・ベック社の了解を得て、訳者が選定あるいは作成し、挿入したものである。

はしがき

「連合国が戦争に勝利したことを二つのドイツの映像が劇的に証明している。ひとつは灰燼《かいじん》に帰したドイツ諸都市のパノラマ。もうひとつは、ニュルンベルクの戦犯裁判、照明で照らされた部屋のなか、ナチ四人で埋まる被告人席の情景」

アメリカ人ジャーナリストのジャネット・フラナーが一九四五年一二月にこう書き留めたとき、すでにひと月近く前から、かつての国家元帥ヘルマン・ゲーリングと二〇人の共同被告人に対する審理が進行中であった。そのとき多くのドイツ人も、ニュルンベルクの主要戦犯裁判の特別な歴史的意義を認識していた。

ここでは、国家の恣意《しい》的な統治や、抑制のない軍事拡張衝動に法的な制約が加えられるだけでなく、ナチの殲滅《せんめつ》戦争・人種戦争の歴史的な原因が法的に解明されるべきであるとされていた。ニュルンベルク裁判は、法という手段によって歴史を「克服する」試みの一例でもあった。

ニュルンベルク裁判の法的・政治的な目標設定については、当初から激しく議論されてきた。だが、一九四五年に連合国が初めて打ち出した基本理念のいくつかは、すでに数十年前から定式化されていたものであり、現在まで存続している。たとえば、国際刑事法に基づく訴追に対して、国内法や国家官職の地位によって絶対的に保護されることはもはやない。

しかし、侵略戦争の準備や実行を国際法的な制裁によって威嚇《いかく》するという、ニュルンベルク裁判で追求された思想は定着したわけではない。たしかにこの六〇年、国際社会は、国連憲章における拘束力の弱い武力行使禁止や、国家による侵略の定義に合意することができたが、侵略戦争に関する刑法的な法整備については、依然として大きな政治的異論がある。

他方で、二四名のナチ体制指導者と一八五名のドイツ人エリートに対するニュルンベルク裁判が東西のドイツ人にどのような影響を与えたかという問題については、数十年来、現代史研究で熱心に粘り強く討究されてきた。それに対して、ドイツ人のあいだでは、拒絶、および情報の欠如に基づく無関心が長きにわたって優勢を占めてきた。

したがって、ドイツにおけるニュルンベルク裁判をめぐる言説には多くの矛盾がある。戦後、多くのドイツ人が、裁判によって初めてユダヤ人や他のマイノリティに対する残虐行為を知ったと主張する一方で、審理では既知のこと以外何も掘り出すことはできなかったと同様に激しく言い張ったからである。また、ドイツの政治・学問・メディアのオピニオンリーダーたちも、裁判の司法的な弱点を指摘する一方で、先行する一二年間のナチ統治下の法侵害に対しては平然と口をつぐんだ。

いずれにせよ明白なのは、ニュルンベルク裁判への形式的な法原則に立つ批判が、ある種の防衛機能を果たしたことだ。つまり、そうすることによって、心が痛むような発見や事実からドイツ人は自己を守ることができたからである。「ニュルンベルクの教訓」——一九四八年に制作されたアメリカの啓発映画のタイトル[1]でもあるが——に対するドイツ人の自己防衛は後々まで影響を及ぼし、一部では今日でも、学問やジャーナリズムの世界において感じることができる。

たとえば、名声があり、報復主義的な考えを持っているわけでもない歴史家コンラート・H・ヤラウシュが二〇〇四年に出版した『転換——ドイツの変化一九四五〜一九九五』[2]という本には、ニュルンベルク裁判では国防軍最高司令部（OKW）の「集団的な無罪判決」がなされたという記述がみられる。しかし、この点について軍事史家のヴォルフラム・ヴェッテは、欺瞞《ぎまん》的な西ドイツ人エリートの反ニュルンベルク・アジテーションに起源を持つ、かなり以前からの「戦後の由々しい伝説のひとつ」と暴露している。

ニュルンベルク戦犯プログラムの前史・経過・帰結に関して、社会史や文化史の知見も取り入れた概説が現在まで存在しないのは、ドイツ現代史研究の怠慢であるが、それは社会全体に原因があることなのである。

一九五〇年代初頭に西ドイツの政治家、教会指導者、ジャーナリストたちが、声高に連合国によるニュルンベルク裁判の「勝者の裁き」と闘っていたことを想い起こすことができる者は、現在の統一ドイツがハーグの常設国際刑事裁判所の断固たる支持者であることに驚くだろう。同様に、かつてニュルンベルク裁判の計画と実行に関して決定的に責任を負う立場にあったアメリカが、現在では、超国家的《スープラナショナル》な刑法による、国家の主権および権力の制限を強く拒否していることにも驚くだろう。

第一次世界大戦終結以来の国際法の発展の歴史が示すように、のちに「ニュルンベルク原則」と呼ばれるものへの賛成あるいは反対は、当初から国民的アイデンティティの問題ではなかった。それは、生活世界の特色や、歴史的・政治的な基本的見解、および個人的・集団的な規範や価値観に基づくものであった。それゆえ、人権擁護のための普遍的な裁判権が存在するという考え方への賛成と反対の深刻な対立も、いつかは歴史的なエピソードとなることが予想されるのである。

第1章

米英ソ、連合国内での議論

主要戦争犯罪人の〝処置〟

チャーチルの「アウトロー」計画

仮に、連合国が、戦時中から一貫した戦争犯罪人政策を進めていたならば、どれほど多くの人命を救うことができただろうか。それは誰にもわからない。米英もソ連も、ドイツ敗戦後の主要犯罪者たちの処遇について長期的なプランを持っていなかった。

連合国の戦犯政策の特に悲劇的な点は、ヨーロッパ各国の亡命政府の受入国として戦争末期までこのテーマに関する主要な権限を持っていたイギリスが、第一次世界大戦後のネガティブな経験からその役割を担えなかったことである。

イギリスの戦犯政策の特徴は、公の意思表明と実際の措置とのあいだに大きな矛盾があることだった。このことはナチ体制の指導層に対する扱いについて特に顕著になる。

ポーランドなどの亡命政府の圧力により、まず一九四二年一〇月に英外務省は、ドイツ占領下にある各国から戦争犯罪の証拠資料を集めるため「連合国戦争犯罪調査委員会（UNWCC／United Nations Commission for the Investigation of War Crimes）」を設立した。他方で、ウィンストン・チャーチル英首相とフランクリン・D・ローズヴェルト米大統領は一九四三年一月のカサブランカ会談でドイツの「無条件降伏」を公式の戦争目標として宣言する。

しかし、その後もイギリスはドイツの戦争犯罪人問題の法的な解決について積極的ではなく、下級の犯罪行為者や「古典的な」戦争犯罪に対する刑事訴訟のみを考えていた。同時に、彼らはナチ国家の代表的指導者たちの処遇については政治的な解決を望んだ。一九四三年の夏以降さまざまな提案が議論されたが、なかでもチャーチルの計画がそのラディカルさでは際立っていた。

チャーチル

チャーチルの意見は、ナチ指導部は「無法者（Outlaws）」であり、「法の保護を剥奪された者たち（Vogelfreien）」であるとし、中世ブリタニアの匪賊《ひぞく》に対する処遇のように、形式的な訴訟手続きなど必要ないというものだった。それゆえ、連合国の少将以上の軍人なら誰でも、「第三帝国」の指導的人物たちについて簡単な身元確認後、その場で銃殺する権利を持つとした。チャーチルは、独伊日の主要戦争犯罪人の五〇人から一〇〇人くらいまでをこの方法で対処すべきと考えていた。

だが、この「アウトロー《法の保護を剥奪する》」計画（《Outlaw》-Plan）には外務省からすぐに法律上の異議が出される。また銃殺対象者リストの作成も実際には不可能であることがわかる。にもかかわらずチャーチルは、続く数ヵ月のあいだ、連合国にこの考えを宣伝するために、あらゆる手段を尽くした。

スターリンの豹変

一九四三年一〇月、米英ソの三主要連合国がモスクワ外相会談の終わりに発した宣言は、その成功例と言える。この一一月一日のモスクワ宣言では、あらゆる戦争犯罪人を見つけ出し、彼らが犯罪をおこなった国へ断罪のために引き渡すことが合意された一方で、宣言の最終段落では、チャーチルの提案に基づき、すべての「主要戦争犯罪人」の責任は「地理的に限定されず」、彼らは「連合国の共同の決定に基づいて」処罰されると定められたからだ。

しかしその直後にチャーチルは、彼の型破りな提案が見当違いの側から喝采を浴びてしまいかねないことを悟る。一九四三年一一月末にテヘランで「三巨頭」会談がおこなわれたとき、ヨシフ・スターリンが、酒宴の機会を利用して、ドイツの参謀本部すべて——具体的に彼は少なくとも五万人という数を挙げた——を抹殺してしまえばいいと米英首脳の前で主張したからだ。[1]

のちに回顧録のなかでチャーチルは、このソ連指導者の軽口に憤慨してこう言い返したと記している。「英国議会と世論は大量処刑を決して許さないだろう。たとえ彼らが戦時の熱狂のなかでそれらが始まるのを許したとしても、最初の虐殺がおこなわれたあとは、責任者たちを猛烈に批判するだろう。ソ連はこの点を思い違いしてはならない」。そのあと、ローズヴェルトが、場を和ませようとして、意地悪く笑いながら、それでは銃殺者を四万九〇〇〇人「だけ」に減らそうではないかと述べたという。

チャーチルは、同じくその場に居合わせた米大統領の息子エリオット・ローズヴェルトがスターリンのぞっとする冗談を真に受け、それに賛同したことについて憤慨したと記している。だが当のチャーチルも、主要戦争犯罪人問題を、即決の処刑という方法で「始末する」という考えに、テヘラン会談以降もこだわり続けた。それゆえ、一九四四年一〇月にモスクワを訪問した際、スターリンが考えを変えていたことを知って苛立った。

スターリン

スターリンは、一九四三年夏からソ連で進行中の世論受けをねらった戦犯裁判をみて、司法的な解決を好むようになり、ナチ指導部に対する国際法廷という考えを支持するようになっていた。ローズヴェルトへの電報のなかでチャーチルは、スターリンの方針転換について、「ジョーおじさん」は戦犯問題で思いがけず「正し過ぎる態度」をとるようになったと嘲弄《ちょうろう》的にコメントしている。

このときチャーチルは、スターリンの新路線への転換が彼の「アウトロー」計画の終わりを意味することをはっきりと認識していた。この間、西側諸国の世論が戦犯問題をめぐる連合国の議論に強い関心を抱くようになっていたからである。

苛酷な「モーゲンソー・プラン」

一九四四年の秋までは、ローズヴェルトは、ドイツの戦争犯罪人というテーマにそれほど関心を示していなかった。先のエピソードが示すように、ナチ・エリートの運命についても彼はひどく冷淡だった。ようやくその態度が変化を見せるのは、一九四四年九月にアメリカ政府内で、ドイツ占領後の戦後計画をめぐる論争が起きたときである。

引き金は、米財務省が米軍部に対抗して立案した計画である。それは、ドイツの地から二度と戦争が引き起こされることがないよう、敗北後のドイツを農業国の地位にまで引き戻すことを企図していた。この「ドイツによる第三次世界大戦の勃発を防ぐ計画」というメモランダム（考案者ヘンリー・モーゲンソー・ジュニアの名から「モーゲンソー・プラン」とも呼ばれる）は、ドイツに対するカルタゴの平和[2]を目論むものだった。

モーゲンソー財務長官は、ドイツの完全なる脱工業化・脱軍事化だけでなく、ドイツの戦争犯罪人に対する厳しい報復措置も考えていた。具体的には、「最高級の犯罪者」のリストを作成し、彼らについては裁判抜きで即銃殺することを支持していた。

他方で彼は、「文明に対する犯罪」に有罪判決を下すための軍事委員会の設置を求めていた。そうした犯罪として想定していたのは、人質の処刑や、人種、国籍、宗教、あるいは政治信条を理由にした殺人である。モーゲンソーの考えでは、そのような事例はすべて機械的に死刑に処すべきものであった。ただ例外的な場合にのみ、ドイツ外の流刑地への追放を考えていた。さらに彼は、ナチ組織の全構成員を無罪が証明されるまで強制労働収容所に抑留することまで計画していた。

ローズヴェルト

モーゲンソーの諸提案は、とりわけ『ドイツに対する軍政のハンドブック』で比較的穏健な処罰措置を予定していた連合参謀本部（Combined Chiefs of Staff）の方針に対抗したものである。加えて、一九四四年七月のソ連軍によるマイダネク強制・絶滅収容所の解放が西側諸国で報道されたことにも影響を受けていた。

それまで戦後の対ドイツ占領政策についてほとんど考えてこなかったローズヴェルトは、一九四四年七月にモーゲンソー・プランを支持する。しかしその直後、この機密メモランダムの一部が新聞にリークされてしまう。これが秋に迫った大統領選のマイナス材料となると知ると、ローズヴェルトはモーゲンソー・プランから距離を置くようになった。

バーネイズの革新的な提案

このローズヴェルトの豹変は、おそらくモーゲンソーと同様に閣僚だった陸軍長官ヘンリー・L・スティムソンに原因がある。

ユダヤ系であるモーゲンソーが、戦争犯罪人問題に強い関心を抱き、連合国戦争犯罪調査委員会副議長ハーバート・C・ペルや戦争難民局局長のジョン・W・ペールとも密なコンタクトを取っていたのとは異なり、スティムソンは、そのときまでヨーロッパ・ユダヤ人の運命に憂慮を表明していなかったし、ドイツの戦争犯罪への対処も重視していなかった。

それでも一九四四年の秋に彼が初めてこのテーマに集中的に取り組んだのは、モーゲンソー・プランのラディカルな経済政策的目標を挫《くじ》こうとしたことに関連している。なぜなら彼は、モーゲンソー・プランを非建設的で有害なものと考えていたからである。

スティムソンの批判には反ユダヤ主義的な調子もあったが——彼は「復讐心に満ちたユダヤ主義」とも言った——、目的の達成のためには、これまで以上にユダヤ人犠牲者たちの利害関係を考慮しなければならないと認識できるくらいには、プラグマティックな人物でもあった。加えてスティムソンは、ドイツの戦争犯罪に対しては法治国家的な総括こそが、後世の人びと、とりわけドイツ人に、ポジティブな印象を残すであろうと確信していた。その際スティムソンは、明らかに第一次世界大戦後のヴェルサイユ条約の処罰規定を念頭に置いていた。彼の考えによれば、ヴェルサイユ条約は、とりわけ連合国がドイツに強制したがゆえに、ドイツ国民によって拒絶されたのであった。

ローズヴェルトとチャーチルが一九四四年九月半ばにカナダのケベックで会談していると き、スティムソンは、陸軍省に勤務するニューヨークの弁護士に、ドイツの戦争犯罪を処罰するための包括的な構想の作成を委託した。そのマレー・C・バーネイズ中将が提出した構想は、連合国戦争犯罪調査委員会の法律専門家たちがすでに議論していた本質的な理念のいくつかをまとめ、米証券取引委員会の弁護士としての実践的な経験を活かして、法律的な解決策を補完するものであった。

バーネイズの諸提案は、それまでの戦時国際法から二つの点で逸脱したものだった。

第一に、枢軸国が戦争勃発前に自国民に対して犯した行為を、戦争のための犯罪的な共同謀議、つまり処罰すべき戦時国際法違反と定めていた。

第二に、特定の指導的なナチ組織の起訴を想定したことである。それによって個々人の罪を立証する必要を省き、組織への所属のみで可罰性を根拠づけようとしたのである。

そのラディカルさと、遡及《そきゅう》的な刑事立法の禁止（法なくして刑罰なし。罪刑法定主義）を無視しているにもかかわらず、バーネイズの理念は、スティムソンや陸軍次官補ジョン・J・マックロイから好評だっただけでなく、驚くべきことに、米司法長官フランシス・A・ビドルや法務総監マイロン・C・クレーマーのような指導的な法律家からも同様に大きな共感を得る。違法な侵略戦争を遂行したがゆえにナチ政府を告発するという、米陸軍省民政部副部長ウィリアム・C・チャンドラーの提案とともに、バーネイズの構想は、のちの連合国間の裁判計画の主要な法的基盤を形成することになる。

ローズヴェルトの路線転換——国際軍事法廷創設へ

このときすでに健康をひどく害していたローズヴェルトは、死去する前に一度だけ、スティムソンの計画について明示的に意見を述べている。一九四五年一月三日、ローズヴェルトは、国務長官エドワード・R・ステティニアスに、ドイツの戦争犯罪についての調査状況を知らせるよう伝え、加えて次の指示を与えた。

「〔ヒトラーや他の主要戦争犯罪人に対する〕起訴は、侵略戦争の開始という、ケロッグ協定〔一九二八年の不戦条約、ケロッグ＝ブリアン条約〕違反としての罪も含めるべきである。おそらくこうした訴因は、共同謀議に対する批判と結びつけられるだろうが」

ローズヴェルトが三項目（共同謀議、侵略戦争、犯罪的なナチ組織への所属）の起訴プランに同意を与えたのは、当時きわめて人気のあったジョン・ファロー監督のハリウッド映画『ヒトラー・ギャング（*The Hitler Gang*）』に感銘を受けたからなのか、あるいは彼の特別顧問兼スピーチライターであったサミュエル・ローゼンマン判事の影響だったのかはわからない。

たしかなことは、ローズヴェルトが、モーゲンソー・プランの政治生命が絶たれたのち、その空白を埋めることができる別の構想を持っていなかったことである。この点で、ローズヴェルトが司法的な解決の支持に路線転換したことは、何か内面的な確信に衝き動かされたというよりは、とっさのPR措置であったと見なすこともできる。

しかし動機の問題よりも重要なのは、この政治的な決断によって、司法固有の力学が働き始めたことである。もはやこの動きにイギリス人たちも抵抗する術《すべ》はなく、不承不承従うしかなかった。そして、その後も異論は提起されたにせよ、最終的には国際軍事法廷（IMT）が創設されることとなったのである。

第2章

国際軍事法廷（IMT）

24人の主要戦争犯罪人への処断

国際軍事法廷設置の合意

米英の報道機関が、解放されたブーヘンヴァルト、ベルゲン＝ベルゼン、ダッハウの強制収容所に関する衝撃的な写真付きのルポを公表し始めた頃、ワシントンでは連合国の戦争犯罪人プログラムの開始を告げる合図が鳴った。

ハリー・S・トルーマンは、一九四五年四月一二日にローズヴェルトの後継大統領となった直後に、スティムソン陸軍長官によるメモランダム「ナチ戦争犯罪人に対する裁判と処罰」を承認した。それは、「枢軸国の犯罪」に対する今後のアメリカの刑事政策の最も重要な各種の目的を記したものだった。

ヒトラーの自殺から二日経った一九四五年五月二日、ホワイトハウスは、ドイツの主要戦争犯罪人に対する今後の処遇について公式の声明を出した。

われわれの目的は、可及的速やかに国際軍事法廷を設置し、訴訟手続きの規定を作成することである。その規定は、迅速な審理の遂行を保証し、責任逃れや引き延ばしを許さないものだが、同時に、被告人に対する公正というわれわれの伝統と調和するものである。

さらに同日にトルーマンは、大統領令九五四七号を発し、最高裁判事ロバート・Ｈ・ジャクソンを正式に首席検察官に任命した。

一九四五年五月三日、ローズヴェルト前大統領の特別顧問だったローゼンマン判事は、国際連合発足会議がおこなわれていたサンフランシスコに赴き、英外相イーデンとソ連外相モロトフに、ドイツの主要犯罪人を断罪する国際法廷設置のための連合国協定に関するアメリカの構想を提示した。

イギリスとの事前の接触から、ローゼンマンは、英戦時内閣が一九四五年四月末の時点でもナチのトップに対する四ヵ国法廷というトルーマンが支持した考えを厳しく拒んでいたことを承知していた。それゆえ、イギリス代表団が冒頭からすべての点について譲歩を示したとき、彼の驚きは大きかった。協議の数時間前に、そうした指示がロンドンから電信でイーデンに伝えられていたのである。

イーデンは、英政府の突然の心変わりについて、ヒトラーとゲッベルスの死が事態を決定的に変え、それによってイギリスの憂慮が部分的に取り除かれたのだと米ソの代表に説明した。たしかにこの理由付けもまったくの嘘ではなかったが、決定的だったのは、三連合国のなかでイギリスだけが、司法的な解決を妨げていると非難されるのを避けたかったという理由からである。米ソが裁判を支持し、シャルル・ド・ゴール将軍下の新フランス政府もそうした計画に合意するという事態に、抵抗を続けるのはイギリスの孤立を招くだけだと、チャーチルは観念したのである。これにより、今後は訴訟手続きの実際的な問題に議論が集中することになる。

連合四ヵ国代表団のメンバー

サンフランシスコで国連発足会議が終わったその日、ロンドンでは国際軍事法廷設立をめぐる協議が始まった。一九四五年六月二六日から八月八日までロンドンのチャーチ・ハウスに連合四ヵ国の代表団が集い、計一五の会議で法廷の実際的な基盤について決定した。

計画全体を主導したのはアメリカ代表団である。ジャクソン米首席検察官と、のちに彼の代理を務めるシドニー・オルダーマンが率いていた。

ソ連の代表は、最高裁判所長官代理のイオナ・T・ニキチェンコと名声ある国際法教授アロン・N・トライニン。

フランスは、パリの破毀院《はき》［フランスの最高司法裁判所］判事ロベール・ファルコとかつての連合国戦争犯罪調査委員会の法律専門家アンドレ・グロ教授。

イギリスは七月末まで司法長官デイヴィッド・マクスウェル・ファイフが代表していた。彼は、一九四五年七月のチャーチル率いる保守党の選挙敗北後、仮政府によって検事総長に任命されていた人物だった。労働党のクレメント・アトリー政権発足後は、検事総長サー・ハートレー・ショークロスが英代表団長を引き継いだ。

法学者のトライニンとグロを除いて、上記の法律家すべてが、のちに何らかの形で国際軍事法廷の審理にかかわった。ジャクソンとオルダーマンはそれぞれ米首席検察官および副首席検察官として、ファイフとショークロスは英検察団のメンバーとして、ファルコは判事代理として、ニキチェンコは判事としてである。

ロンドン会議のタイトなスケジュールを考えると、目前に迫った審理の計画はまさに超人的なものであった。法廷の財政的・手続法的な基盤について合意に達する必要があっただけでなく、同時に、誰が主要戦争犯罪人のリストに載るべきであり、いかなる犯罪によって彼らが告訴されるべきかについても、決めなければならなかった。

たしかに、これらすべての実際的な問題について、すでに戦時中から無数の解決案が提示されていた。しかし、ロンドン会議が始まってすぐにはっきりとわかったのは、異なる政治的利害と法的伝統を前にして、最小公分母を見出すのはきわめて難しいものになるだろうということであった。

それでも、米首席検察官となるジャクソンとソ連代表のあいだの個人的な激しい軋轢《あつれき》が、審理をめぐる主要な問題にまで発展することになろうとは、このときは出席していた法律家の誰も予想していなかった。

ジャクソン米首席検察官の使命感

司法長官時代（一九四〇〜四一年）に初めて戦時国際法の問題に接していたアメリカ人のジャクソンは、すでに首席検察官任命直前のアメリカ国際法学会における講演（一九四五年四月一三日）で、「擬似裁判（Pseudoprozesse）」[1]がおこなわれないという確実な保証が存在する場合にのみ、戦争犯罪人問題に対する司法的な解決を支持することを明らかにしていた。彼は次のような忠告も述べている。

「裁判と呼ばれる制度抜きで、人は裁かれてはならない。〔…〕そして、有罪であることが立証されない限り、たとえ望ましいことでなくとも、無罪の判決を下すことが、法治国家的な裁判手続きである」。だが他方で、法治国家を要求するのと同様の激しさで、ジャクソンは、ナチの侵略戦争に対して国際法的に法の保護を剝奪することも要求していた。司法的に異論の余地のない手続きの主張と、侵略戦争を導いたという共同謀議に対する弾劾。この両面は、ジャクソンにとっては相互に分かちがたく結びついていた。このかつてのニューヨーク州判事の念頭に浮かんでいたのは、戦時国際法の革命に他ならなかった。

R・ジャクソン米首席検察官　AP／Aflo

ジャクソンは、計画中のナチ指導部に対する訴訟手続きの過程を、普遍的な法と正義の原理に基づく国際平和秩序を創出するまたとない歴史的チャンスと見ていた。法に支えられた世界平和秩序という理想主義的な目標は、アメリカが主要戦争犯罪人裁判に関与するにあたっての推進力を生み出していた。法が平和を創り出し、文明をもたらす力を持つというこの信念は、強烈な使命感と結びついている。

ジャクソンをはじめ、アメリカの政治・司法・メディア各界の裁判支持者たちは、アメリカ合衆国が、その政治的・軍事的な強さと法制度の優越性ゆえに、戦争なき理想の世界国家という人類念願の夢を実現する使命を授かっていると確信していた。それゆえ、アメリカの国内刑法規定をグローバルに輸出することは、ナチによる先例なき法侵害に対するひとつの回答であるだけではなく、同時に、アメリカ人のイメージに従って伝統的な戦時国際法規を刷新する試みでもあった。

他方で、アメリカの政治家や法律家たちの使命というレトリックのなかには、アメリカ参戦についての後付けの道徳的正当化と、パクス・アメリカーナという未来へ向けた平和構想の響きが混じっていた。

対立から収拾へ

アメリカ人、とりわけジャクソン自身がロンドン会議に携えていった高邁《こうまい》な理想主義が、遅かれ早かれ感情的な反発を招くことは必至だった。事実、ジャクソンは早くも二回目の会議でソ連代表団長ニキチェンコと衝突する。ニキチェンコの意見は、裁判の目的はただすべての主要戦争犯罪人に判決を言い渡すことであり、彼らの罪については「三巨頭」がすでにモスクワやヤルタの声明で確定しているというものだった。

ジャクソンは、国際軍事法廷をプロパガンダ的な見世物にしようとするソ連のやり方に憤慨し、拒絶的な態度をとる。次の会議でソ連代表団が裁判をニュルンベルクではなくベルリンで開催しようと提案したとき、ジャクソンは、共同の裁判という試み全体を破棄し、代わりに米英仏ソの各占領地区で各国が別々に裁判をおこなう方がよいのではないかという考えに次第に強くとらわれるようになった。

一九四五年八月一日、占領下ドイツの将来を決めるために、ポツダムのツェツィーリエンホーフ宮殿で最後の米英ソ「三巨頭」会談がおこなわれたとき、国際軍事法廷の運命はまだどちらに転ぶかわからなかった。こうした状況で、逆説的なことに、計画全体の救済者となったのはイギリスであった。

英外務省のイニシアティブにより、トルーマン、アトリー、スターリンは、可及的速やかに主要戦争犯罪人を国際軍事法廷にかけるという共同の意志を再び確認するコミュニケに署名する。加えて、スターリンの圧力で、九月一日までに被告人の第一リストを作成することが定められた。これにより、ロンドンのチャーチ・ハウスにいた各代表団の法律家たちは、迅速に合意に達する必要に迫られた。その結果、アトリーの任命によるイギリスの新しい大法官サー・ウィリアム・ジョウィットを議長として、すべての法的問題が、異論を残しつつも一週間以内に解決されることになったのである。アメリカが広島に原爆を投下した八月六日、ロンドン協定と国際軍事裁判所憲章の最終テキストの校正が会議参加者によっておこなわれ、八月八日に各代表団長がそれに署名した。

国際軍事裁判所憲章——三つの刑罰規範

国際軍事裁判所憲章は文字通り法廷の基盤をなすものである。法廷の目的を説明し、訴訟手続きを確立し、個々の訴因を規定した。

最も重要な刑罰規範は国際軍事裁判所憲章第六条に含まれている。そこでアメリカ人たちは、彼らの考えに従って、「平和に対する罪」（憲章第六条a）、「戦争犯罪」（第六条b）、「人道に対する罪」（第六条c）を、国際法違反として条文化することに成功した。

「平和に対する罪」という新しい刑罰規定は、侵略戦争の計画、準備、開始、遂行を含んでいる。そこでは、上記のいずれかを実行するための「共同の計画、もしくは共同謀議への関与」も罪になると説明されている。

一方、同様にそれまで未知の刑罰規範であった「人道に対する罪」は、戦争行為に直接関連していなくとも、非戦闘員に対する非人道的な行為に適用されるとした。具体的には、民間人に対する殺人、奴隷化、強制連行、ならびに政治的、人種的、宗教的な理由に基づく迫害行為が挙げられていた。

訴訟手続き的な観点から言えば、国際軍事裁判所憲章は、英米法に大幅に沿うものであった。裁判ではすべての証人自身を聴取する必要はなく、検察による調書および証人や情報提供者の事情聴取（いわゆる宣誓供述書）を用いることができた。また、裁判官は、実際の事件にとって「取るに足らない」と思える証拠資料は却下することができた。これらのルールの採用は、訴訟の迅速な進行を保証し、連合国も戦争犯罪をおこなったではないかという非難（tu quoque）[2]によって、審理を際限なく引き延ばす可能性を被告人たちから取り上げた。

連合国間の主要な争点だった侵略戦争への処罰については、ジャクソンが、ソ連側に要求された「ヨーロッパ枢軸諸国」のために罪を犯した者を処罰するという語句を国際軍事裁判所憲章第六条の第一段落に挿入することによって解決した。同時にジャクソンは、「共同謀議」という非難は「侵略戦争」の訴因のもとでのみ扱うべきであるという、イギリス代表団のサー・トーマス・バーンズによる妥協案を選択した。これにより、たしかに法廷成立への決定的な障害を取り除くことができた。だがこの目立たない条文変更は、深刻な帰結をもたらすことになる。

アメリカの法律専門家バーネイズは、もともと「共同謀議」という規定を、ドイツ、オーストリア、チェコスロヴァキアの市民に対する戦前の残虐行為を罰するという意図で導入していた。しかし、侵略戦争の訴因のもとでのみ扱うとした結果、これらの訴追措置を戦争への共同謀議の一部として評価することが不可能となったのである。

国際軍事裁判所憲章のその他の規定としては、国家元首や政府の一員の刑法的な責任（第七条）、国家の命令に基づく行為の可罰性（第八条）、および同様にバーネイズによって起草された組織の可罰性に関する構成要件（第九、一〇、一一条）がある。結局のところ、国際軍事裁判所憲章は、アメリカの法文化と英米法思想の勝利とみなすことができる。

もっとも、このことは高い代償を伴った。連合国戦争犯罪調査委員会（UNWCC）やバーネイズによって主張された、戦争勃発前から始まっていた非連合国の国民や無国籍者に対する犯罪を処罰するという着想が、国際軍事法廷でも後続する連合国の訴訟手続きでも、特筆すべき役割を果たせなかったからである。

証拠方法の発見、保全の難航

ロンドン会議が終わってすぐ、四連合国は個々の訴因を分け合った。

イギリスが侵略戦争の訴因を引き受け、ソ連とフランスが東欧および西欧における戦争犯罪と人道に対する罪を担当した。一方、「ナチ共同謀議」という共同の計画、またいわゆる犯罪的組織の捜査は、もっぱらアメリカの検察団が引き受けることになった。こうした分業は、もともと単に裁判準備を経済的にしようという目的から導入されたのだが、訴訟期間中つねに維持される。アメリカの捜査担当者は、公判の開始までに残された数ヵ月、この決定に基づき「第三帝国」の外交目的の捜査に集中的に取り組んだ。

バーネイズが描いた見取り図に従うと、重要なのは、侵略戦争の共同謀議、および戦争行為、隣接領域の占領、軍事征服の準備を立証することだった。そこで持ち上がるのが、使用できる証拠方法[3]は何かという切迫した問題だった。一九四五年夏の時点で、たしかに四ヵ国すべてが自身の捜査チームを駆使することができたが、裁判関係者の誰も、来たる裁判で満足に使えるような証拠を提示できる状況になかったからだ。

アメリカの捜査チームは六〇〇〇人を超し、他の三ヵ国のチームを凌駕していたのだが、彼らでさえ、証拠方法の発見と保全について多くの困難と闘わねばならなかった。

一九四五年五月七・八日のドイツ降伏の時点までは、連合国戦争犯罪調査委員会が証拠資料の収集と犯罪および犯罪者の記録の国際的な情報交換所としての役割を果たす一方、各国の軍事検察がそれぞれの戦犯裁判に必要な証拠に関する権限を有していた。

ようやく一九四五年四月二六日になって、アメリカの軍法務総監が、来たる主要戦争犯罪人裁判を考慮して、侵略戦争の遂行を裏付ける証拠方法の捜索にも従事するようにとの指示をワシントンから受け取った。同時に、米諜報機関CIAの前身である戦略事務局（OSS）も、共同謀議テーゼに確固たる裏付けを与えるような証拠文書を提出するよう依頼を受けた。

しかし五月の段階で、ジャクソンとその協働者テルフォード・テイラー（第3章で述べるニュルンベルク継続裁判の首席検察官）は、右の両機関による証拠の収集量はおよそ満足できるものではないことを冷静に認識していた。この時点で軍法務総監が提示できた重要な証拠は一件のみであった。それは、捕虜となった敵国の特別奇襲部隊すべての射殺を命じた、一九四二年一〇月一八日付のヒトラーによる「コマンド命令（Kommandobefehl）」である。これはもちろん戦時国際法に違反していた。

一方、フランツ・ノイマンやラファエル・レムキン、カール・ショースキー、ウィリアム・L・ランガーなど、錚々《そうそう》たる各界の専門家たちを擁していた戦略事務局の戦犯課も、背景的な情報提供には貢献していたが、裁判に利用できる文書はほとんど持っていなかった。

占領下ドイツでの証拠資料の奪い合い

ジャクソンは、テイラーの助言を受けて、米検察団の拠点をワシントンからロンドン、そして次に占領下ドイツに移し、自力で証拠を探し出そうとする。現場でのジャクソンの部下には、テキサス出身の弁護士ロバート・ストーリー大佐が任命された。だが、ドイツに到着してすぐにわかったことは、当地の厳しい作業環境である。すでに大陸ヨーロッパには大量の軍・報道機関・民間の捜索隊が来ていて、ドイツの公文書やその他の証拠書類の捜索にせっせと励んでいたからである。アメリカだけで、一九四五年のうちに少なくとも六つの証拠文書捜索チームと公文書作業グループがあり、疎開文書を差し押さえて自分たちで確保することを目論んでいた。

権限が混乱するなか、個々の文書渉猟家が相互に「貴重な獲物」を奪い合い、独占してしまうことが起こっていた。ある陸軍省の職員はこの状況にうんざりして「誰もがお互いに対抗して作業し、自分のものでもないのに食いついて離さない」と述べている。

ジャクソンのチームはさらに、ドイツで活動していた複数の軍事および民間の機関から、捜査人の資料請求をきっぱりと拒絶されてもいる。なかでも滑稽ですらあったのは、米英共同でおこなわれたドイツ外交文書の管理が、一人のイギリス人歴史家の責任下にあり、ジャクソン配下の捜査人と正真正銘の私闘を繰り広げたことである。

英外務省によって派遣されたこの学者ロバート・C・「トミー」トムソンは、検察による資料の差し押さえを全面的に禁じようとした。その理由は、検察官たちがしばしば「個人的なジャーナリスト的好奇心」から行動していると確信していたからである。さらにトムソンは、研究チームの全職員が「アメリカ人」であり「そのうちほぼ半分がユダヤ人」であると文句をつけていた。

たしかに、「ニュルンベルクの文書収集家たち」の誤った管理への非難が、すべてまったくの不当なものとは言い切れなかった。たとえば、ジャクソンの部下たちが責を負うべき深刻な事件として、ホスバッハ覚書のオリジナルの喪失がある。

ホスバッハ覚書とは、ヒトラーの副官フリードリヒ・ホスバッハが一九三七年一一月に作成したヒトラーのヨーロッパ戦争計画策定に関する文書である。一九四六年秋にベルリンの行政文書部門の文書保管人は、ジャクソンのチームが一〇〇〇を超えるオリジナル文書を「借り出し」、そのうちの多くを紛失したと憤慨している。一九四六年九月末からは、こうした理由から、後述する継続裁判のためには、オリジナルの代わりに複写を刑事訴追当局に引き渡すよう指示が出された。

被告人の〝選定〟——アメリカの意図

証拠方法の捜索と同様、性急に展開したのは、被告人の選定である。ヒトラー、ハインリヒ・ヒムラー、ヨーゼフ・ゲッベルスが自殺により虜囚となることを免れた後、残された囚人たちは彼らの「代打」の役割も担わされることになった。すでにそこから恣《し》意性はあったわけだが、占領四ヵ国の起訴をめぐる戦略の相違から、さらに高められた。

基本的にイギリスは、司法的な解決への懐疑から、被告人の範囲を可能な限り狭めようとした。一九四五年六月末に英外務省は、国際軍事法廷の被告人の候補リストを提示したが、そこにはゲーリング、ヨアヒム・フォン・リッベントロップ、ローベルト・ライ、ルードルフ・ヘスの名前のみが挙がっていた。

それに対してアメリカは、ナチの最高幹部に加えて、犯罪的であると推定された組織の代表者たちもすべて被告人として起訴すべきであると主張していた。侵略戦争への共同謀議は

「ナチズム、軍国主義、経済的帝国主義の聖ならざる三位一体」（テルフォード・テイラー）に基づくという、彼らの起訴の規準に従って、可能な限り多くの潜在的な被告人を把握する努力がおこなわれた。

一九四五年七月にバーネイズによって作成された計画によると、国際軍事法廷において起訴されるべきは、国民社会主義ドイツ労働者党（ナチ党／NSDAP）、ドイツ労働戦線（DAF）、ヒトラー・ユーゲント（HJ）の指導者たちに加え、以下の組織であった。内閣、国家保安本部（RSHA）［親衛隊保安部と治安警察が合体した組織の指導部。ゲスターポや刑事警察などを配下に置く］、親衛隊（SS）、突撃隊（SA）、秘密国家警察（ゲスターポ）、親衛隊保安部（SD）、四ヵ年計画庁、陸軍参謀本部および国防軍最高司令部（OKW）、そして陸・海・空軍の各総司令部である。

このように一四の組織の起訴が計画されていたが、有罪認定に足る証拠の問題に直面し、その数は六にまで減っていく。つまり、内閣、ナチ党政治指導者団、親衛隊、突撃隊、そしてゲスターポと保安部を一括り、さらに陸軍参謀本部と国防軍最高司令部を一括りにした六組織である。

アメリカによる被告人のリストはロンドン会議の時点で七〇人を超えていたが、数週間で徐々に減っていった。その際、起訴すべき者たちの代表性と同程度に、有用性という基準が大きな役割を果たしていた。

またアメリカは、ソ連やフランスと合意の上で、多くの高級将校も被告人席に引きずり出すことに関心を寄せ、すでにイギリスが提案していたヴィルヘルム・カイテルに加え、アルフレート・ヨードルとエーリヒ・レーダーとカール・デーニッツを、ドイツ軍国主義の典型として起訴する。戦前のデーニッツは「相対的に地位の低い将校」であり、共同謀議の罪で立件するのは不可能であるというイギリス側の異議に対して、アメリカは慎重すぎるとあっさり退けた。

二四人の政治・軍事・経済の代表者たち

さらに、大きな争点となる可能性を孕《はら》んでいたのは、影響力のあった経済指導者もリストに加えようという、米仏ソによる主張である。とりわけ、ライヒスバンク（国立銀行）総裁ヤルマル・シャハトと、エッセンの軍需産業家グスタフ・クルップ・フォン・ボーレン・ウント・ハルバッハを加えるかは議論となった。シャハトについてはイギリスは無罪を確信し、さもなければ裁判の権威全体がひどく損なわれると考えていた。

他方で、のちに検察側の権威を傷つける深刻なミスとなったのは、巨大な軍需企業であるクルップについてである。ナチの権力掌握時点で六三歳だった実業家グスタフ・クルップは、製鉄所、炭鉱、軍需工場にわたる一大帝国の持ち主であった。米英の一致した見解では、クルップはドイツの「軍国主義者たち」のなかでも第一級だった。彼ほど、軍需産業とナチズムの拡張主義的・侵略的な同盟を体現するドイツの企業家はいなかったというのである。

それゆえイギリスはグスタフ・クルップを戦犯リストに載せた。またアメリカも「クルップ」を戦犯リストに載せた。ただしそれは、グスタフの長男で、一九四三年から軍需工場「フリードリヒ・クルップ株式会社」を専有していたアルフリート・クルップであった。

一九四五年八月までイギリスもアメリカも相互の調整を怠り、対象の相違に気づいていなかった。起訴すべき主要戦争犯罪人の公式のリストが発表されたとき、ようやくイギリスが齟齬《そご》に気付き、九月初頭に――この間に「ほぼ一トンのクルップ文書」が見つかっていた――イギリスの捜査員は初めてヴィラ・ヒューゲル［エッセンのルール川沿いにあるクルップの邸宅］に赴き、そこで七五歳の「ほぼすでに死んでいる」病床のグスタフ・クルップに会った。それでもイギリスはグスタフに固執し、結局九月半ばまでにアルフリート・クルップを捜査する時機を逸してしまう。アメリカのジャクソン首席検察官の強い異議にもかかわらず、イギリスはこの事件を可能な限り迅速に片付けようと、アルフリートの名をリストに補充することを拒み続けた。

結局、弁護人側の申し立てで、父グスタフに対する訴訟は、審理能力の欠如という理由で、審理開始前に切り離されて停止される。息子アルフリートとクルップ・コンツェルンの一一人の幹部に対しては、ようやく一九四七、四八年にアメリカが、いわゆる継続裁判のなかで、独立した訴訟を実施することになる（第10号事件、一三八頁参照）。

一進一退の後、最終的に八月二九日、米英仏ソの四ヵ国は、二四人の政治・軍事・経済の代表者の名前が載った共通リストに合意した。

国際軍事法廷に起訴されたのは、次ページ以降の2―1に挙げた者たちである。

ニュルンベルクの「裁判コミュニティ」

ロンドン会議のあいだ、アメリカとソ連は、裁判所の常設本部はベルリンに設置するが、主要戦争犯罪人の審理はニュルンベルクでおこなうことに合意していた。米英仏ソの四ヵ国の司法代表団は、八月から九月にかけて、ナチ党が政権掌握後から第二次世界大戦勃発まで毎年「全国党大会」を開催していた都市ニュルンベルクに移っていった。ナチ指導部をかつ

2-1　起訴された24人

ハンス・フランク
1939〜45年，ポーランド総督

カール・デーニッツ
1943〜45年，海軍最高司令官．1945年5月1日〜23日，ヒトラー後継元首

マルティン・ボルマン
1933〜45年，全国指導者．1941〜45年，ナチ党官房長官．1943〜45年，ヒトラー副官

ヴァルター・フンク
1938〜45年，経済相

ハンス・フリッチェ
1942〜45年，宣伝省ラジオ部局長

ヴィルヘルム・フリック
1933〜43年，内相．
1943〜45年，ボヘミア・モラヴィア保護領総督

アルフレート・ヨードル
1940～45年，国防軍最高司令部統帥幕僚部長

ルードルフ・ヘス
1933～41年，総統代理

ヘルマン・ゲーリング
1933～45年，無任所相．1935～45年，空軍最高司令官

グスタフ・クルップ・フォン・ボーレン・ウント・ハルバッハ
クルップ・コンツェルン会長

ヴィルヘルム・カイテル
1935～38年，国防省国防軍務局長．1938～45年，国防軍最高司令部長官

エルンスト・カルテンブルンナー
1943～45年，国家保安本部長官

フランツ・フォン・パーペン
1932年，首相．1933～34年，副首相

コンスタンティン・フライヘア・フォン・ノイラート
1932～38年，外相．1939～41年，ボヘミア・モラヴィア保護領総督

ローベルト・ライ
1933～45年，ドイツ労働戦線指導者

アルフレート・ローゼンベルク
1941～45年，東部占領地域担当相

ヨアヒム・フォン・リッベントロップ
1938～45年，外相

エーリヒ・レーダー
1935～43年，海軍最高司令官

バルドゥーア・フォン・シーラッハ
1933〜45年，全国青年指導者．1940〜45年，ウィーン総督

ヤルマル・シャハト
1933〜39年，ライヒスバンク総裁．1934〜37年，経済相

フリッツ・ザウケル
1942〜45年，労働動員全権委員

ユーリウス・シュトライヒャー
1933〜40年，ナチ党フランケン大管区指導者．新聞『シュテュルマー』発行人

アルベルト・シュペーア
ヒトラーの建築家．1942〜45年，軍備・戦時生産相

アルトゥーア・ザイス＝インクヴァルト
1939〜40年，ポーランド総督ハンス・フランクの副官．1940〜45年，オランダ全権委員

註・ファミリーネームのアルファベット順

て彼らが勝利の行進をしていた場で、世界が注視するなか裁くというシンボリックな意図とは別に、ジャクソン首席検察官は、治安がきわめて良好に思えたため、アメリカ占領地区にあるニュルンベルクを支持したのである。

裁判所の建物は一九四五年二月の爆撃でひどく損傷し、修復・改築作業に一〇〇〇万ライヒスマルクを費やした。工事は法廷の裏にある監獄ブロックにまで及んだ。そこは以後四年間、連合国およびアメリカの戦争犯罪人計画にとって最も重要な勾留場所となった。三階建ての五つの棟からなる建物の一部を切り離し、計二〇〇名の未決囚を収容するためのひとつの重警備棟に改修したのである。

二〇〇〇人以上の職員を含むアメリカの司法代表団は、他の連合国を圧倒していただけでなく（英代表団は一七〇名、ソ連代表団は二四名、フランス代表団は一二名程度だった。加えて、ポーランド、ユーゴスラヴィア、チェコスロヴァキア、デンマーク、ノルウェー、オランダ、ギリシャがオブザーバーの立場で小さな代表団を派遣していた）、その都市の生活面でも人目を引いた。

またアメリカ代表団は、他の英仏ソ三ヵ国の代表団と、その構成も根本的に違っていた。もっぱら自国民を雇った三ヵ国と異なり、アメリカの検察団には、一九三三年以降にナチから逃れ、アメリカを新しい故郷とした、多くのユダヤ人もいたからである。この亡命者グループのなかで最も影響力を持った人物が、ベルリン出身のロバート・M・W・ケンプナーである。彼は国際軍事法廷およびアメリカの継続裁判の副首席検察官として重要な役割を占めることになる。

他方で、報道機関——二〇ヵ国から二五〇人が訪れ、世界中から多くの「敏腕ジャーナリスト」が集まった——は、郊外にある鉛筆製造業者ファーバー＝カステル男爵の旧邸宅に集められた。この建物は粗大ゴミやガラクタが所狭しと置かれ、「恐怖の邸宅」と呼ばれていた。そこで数ヵ月ものあいだ狭い部屋で一二人の同僚たちと寝食を共にしなければならなかったジャーナリストたちの数人は、米検察団の失敗を容赦なく弾劾するという形で、ジャクソンに「返礼した」。

こうしたニュルンベルクにおける「裁判コミュニティ」の独特なミクロコスモスについては、ジャクソンの代理で継続裁判では首席検察官を務めたテルフォード・テイラーが鮮やかに描き出している。彼の回想録には、その場に集った人々の国民性の違いが、強く浮き彫りにされている。

たとえば、アメリカ人将校たち——たいていが独身——が占領生活のなかで快楽と気分転換（スポーツや情事も含む）を図ったのに対して、ヨーロッパの代表団員たちの一部は、いまだ戦争による大きな変動に強く苦しんでいるような印象を描いている。ハリウッドに亡命したオーストリアの映画監督ビリー・ワイルダーは、一九四七年に作ったコメディ『異国の出来事』［公開は一九四八年］で、爆撃で破壊された戦後ドイツにおけるこうした多様な占領の現実を印象的に捉えることに成功している。

なお、ニュルンベルクの勾留施設の所長は、ルクセンブルクの温泉地モンドルフ・レ・バンにあったアメリカの戦時捕虜収容所の所長バートン・C・アンドラスが務めた。尋問スタッフのリーダーには、ジョン・ハーラン・アーメン大佐が就いた。アーメンは名声ある検察官であり、ジャクソンはとくに政治腐敗に対する彼の闘いを評価し、目をつけていた。加えてニュルンベルクには、四人の精神状態を監視するとともに、尋問者に歴史的・政治的および心理学的な背景情報を与えるという課題を担った研究者スタッフが勤務していた。

主要戦争犯罪人のニュルンベルク到着

八月初頭以来、重要なドイツ人捕虜は、「灰皿」や「ゴミ箱」と呼ばれたモンドルフ・レ・バンの戦時捕虜収容所と、フランクフルト・アム・マインのクランスベルク城から、グループごとに分けられてニュルンベルクの未決監に移送された。

米英仏は一九四五年のあいだ一時的に二〇万人のナチ幹部、容疑者、反乱の恐れがある者を各地に拘留していたが、それら多くの西側連合国の収容所の頂点にあったのが、この二つの「重要人物」収容所であった。

計二三人の主要戦争犯罪人（ボルマンは消息不明のままだった）の最後の人物がニュルンベルクのあるフランケン地方に到着したのは、ようやく一〇月八日、つまり起訴状の完成の二日後であった。その最後の人物とは、戦時中にイギリスの捕虜となり、ロンドンから移送しなければならなかったヘスである。

ニュルンベルク到着とともに、すべての囚人は、それまで戦時捕虜としてジュネーヴ条約で保障されていた法的地位を喪失した。彼らは、互いの接触を禁じられ、弁護士を代理に立てる権利も差し止められるという特殊な地位に置かれた。

拘留体制は厳重であり、きわめて高度なセキュリティ措置が取られていた。アメリカ人たちは、自殺によって審理開始前に未決囚を失うことを恐れたのである。イギリスは、一九四五年夏の時点でさえ、厄介な戦犯問題は最終的に「大量自殺」によって終止符を打てると考えていたが、それはあっさりと無視されることとなった。

イギリス人をそうした支離滅裂な考えに駆り立てたのは、報復欲求よりも、プラグマティズムである。高位の外交官で、のちの英高等弁務官[4]サー・アイヴォン・カークパトリックによると、「大量自殺」は「多大な憤懣《ふんまん》から逃れる」ことができるというのである。

とはいえ、多大な努力にもかかわらず、収容所所長アンドラスは、二人の重要な囚人が自殺することを防げなかった。まず一九四五年一〇月二五日、ライが独房で首を吊っているのが発見される。そして一九四六年一〇月一四日から（刑の執行日だった）一五日にかけての夜、ゲーリングが服毒自殺をしたのである。

裁判長はイギリス人に

四人に対する尋問は一九四五年八月一五日に始まり、たいていは四人から七人程度のアメリカ人スタッフによっておこなわれた。ソ連側も何人かを尋問したが、これは面倒な義務の遂行といったところに過ぎず、内務人民委員部（NKWD）方式に慣れていたソ連の尋問官は、ニュルンベルクの「退嬰《たいえい》的な」環境に慣れるのが難しかった。

審理の開始まであと数週間と迫っていても、米英仏ソ四ヵ国の裁判団はまだいくつかの障害を克服する必要があった。とくに難しかったのが、裁判長の選出である。

2–2　国際軍事法廷の判事一覧

サー・ジェフリー・ローレンス	英，裁判長
サー・ノーマン・バーケット	英，代理
フランシス・Ａ・ビドル	米
ジョン・Ｊ・パーカー	米，代理
イオナ・Ｔ・ニキチェンコ	ソ
アレクサンドル・Ｆ・ヴォルチコフ	ソ，代理
アンリ・ドヌデュー・ド・ヴァブル	仏
ロベール・ファルコ	仏，代理

判事たちの一部　左からヴォルチコフ，ニキチェンコ（ソ連），バーケット，裁判長ローレンス（イギリス），ビドル（米国）　Newscom／Aflo

イギリス代表団は、一九四一年から高等法院判事を務めていたサー・ノーマン・バーケットがこのポストに最もふさわしいとしていた。しかし一〇月初頭に突如、英外務省が人事に介入し、控訴院判事サー・ジェフリー・ローレンスの任命を要求する。

アメリカ人の候補者のなかでは、首席検察官の可能性もあった元司法長官のビドルが、裁判長への任命を期待していた。ビドルが驚いたのは、この名声あるポストへの彼の野心を、ソ連が支持したことである。しかし、結局外交上の理由から、裁判長にはイギリス人が座ることになった。それは、裁判における各国の対等性が損なわれるという理由からであった。ビドルもジャクソンと同様に自信家で、ローレンスが裁判長に選出されたあと自らの日記に、未熟なローレンスは完全に自分を頼るだろうから、結局は自分が「任務を遂行する」ことになると記していた。

結局、ニュルンベルク国際軍事法廷の判事団は2－2のような構成となった。

起訴をめぐる米英ソの思惑

裁判長選出を一〇月初頭に終えた後、各国の捜査団には、共通の起訴状に合意するという課題が待っていた。これはさまざまな理由から少なからぬ問題を抱えていた。

ひとつには、米検察団の野心的なリーダー、ジャクソンが、相変わらず自身の根本理念、すなわち四つの部分から成るテキストを[5]「共同謀議」と「組織の罪」という二つの訴因に先鋭化させようとこだわったからである。ジャクソンはこの点について先述のようにロンドン交渉では失敗していたが、今度は裏口から押し通そうとした。ジャクソンは、自分が他の英仏ソ三ヵ国の検察団の活動を、つまるところアメリカの起訴計画を裏付けるために奉仕する、ただのお手伝いとしてしか見ていないと、文書係のロバート・ストーリーに明らかにしている。

ジャクソンの具体的な戦略は、一九三九年以後に占領地でおこなわれた残虐行為の原因を、一九三九年以前の国家・党指導部による戦争計画に求めることだった。アメリカ人たちは、「共同謀議」という英米法に由来する」自らの法理念を裁判に導入しようとしたのである。さらに、可能ならばアメリカで非常にポピュラーだったファシズム解釈を流布させようともしていた。

しかしイギリス人にとっては、そうした目的論的に単純化された歴史は寒心に堪えないものであった。ヒトラーが「ナチ高官」グループとともに、机上の軍の配置図を囲み、そこから侵略戦争や大量虐殺に至る決定的な命令を下していたという、乱暴なイメージに立脚しているように思えたからである。

彼らが起訴状を起草する際に肝に銘じていたのは、外交文書を手がかりに政治的な意図を裏付けようとするのは著しく困難であるという、高名なイギリスの歴史家Ｅ・Ｌ・ウッドワードの忠告であった。イギリスの拒絶的な態度は、彼らの戦前における両義的な対ドイツ政策、つまり有名な「宥和政策」に部分的に起因していたが、それにもまして、ジャクソンの共同謀議テーゼと組織の罪への固執がイギリス人たちに次第に深刻に思えてきたのである。

しかしこうした苦悩も、一〇月初頭にソ連が突然、カティンの森でドイツ人がおこなった「九二五人のポーランド将校」の虐殺を起訴状のなかに加えるよう要求したことによって吹っ飛んでしまった。

他の参加国の断固たる反対にもかかわらず、ソ連の検察団は――明らかにモスクワの指示で動いていた――この不当な要求を押し通しただけでなく、のちにポーランド人犠牲者の数を一万一〇〇〇人に引き上げることにまで成功する（実際はソ連の内務人民委員部が殺害。その犠牲者数は二万二〇〇〇人余り）。

ソ連がこの問題に没頭しているあいだ、他の裁判参加者たちは、ソ連にとって危険な証拠を公表しないほうが、裁判を安全に進行するためには賢明なのではないかと協議していた。英外務省のドイツ専門家が「ソ連の代表者たちを困らせることがわれわれの意図ではない〔…〕しかし戦争犯罪人に有罪判決を下すことがわれわれの意図なのだから、貴重な証拠を隠匿するようなことは慎むのが得策であろう」と勧告したにもかかわらず、起訴状からヒトラー＝スターリン条約（独ソ不可侵条約）の秘密議定書を外すことが決定された。ヘスの弁護を務めたミュンヘンの弁護士アルフレート・ザイドルが当該文書を審理に提出することを申請したとき、ようやく判事団はこの論争的な文書を読み上げることに合意したのである。

開廷式と裁判官たちの驚き

一九四五年一〇月一八日、ロンドン会議における米ソの妥協にしたがい、長く待ち望まれていたドイツの主要戦争犯罪人に対する「国際軍事法廷」の開廷式が、ベルリンの上級地方裁判所の本会議場でおこなわれた。このアメリカ占領地区にある裁判所は、数ヵ月前に最後の裁判をおこなっていた悪名高い民族裁判所（Volksgerichtshof）であった。

開廷式は、ニキチェンコ判事の短いスピーチ、米英仏ソ四ヵ国の正式な裁判所構成員の宣誓、六五ページの起訴状の手交という、限定されたものであった。ソ連の引き延ばし戦術により、起訴状はようやく一〇月六日に調印されたものである。一時間後、裁判所は一一月二〇日に、ニュルンベルクで実際の法廷が始まることを決定した。

だが、一〇月一九日、つまり儀礼的な開廷の翌日、宣誓したばかりの判事たちは、通常の裁判ではありえないようなことに直面する。それは、個々の未決囚たちの意見が米軍の新聞『スターズ・アンド・ストライプス（星条旗）』に掲載されたこともそうだが、それ以上に、起訴状を手交した際、それまで被告人が一人として判事や弁護士のところへ連れて行かれたことがなかったことを知ったからである。

これらのセンセーショナルな被告人の権利の無視は、検察官が起訴の可否を決めるための捜査手続きの開始から、公判を開始するまでの時期が法的に規定されていない、国際軍事裁判所憲章の刑事手続きの曖昧な性格による。勾留のあいだ、検察側は証人を尋問し、証拠を捜し出すことができる一方、被疑者たちはいかなる罪で自分たちが訴えられるのかがわからなかった。

この検察側と被告人とのあいだの機会不均衡については、弁護側から何度も苦情が寄せられたにもかかわらず、その後のアメリカの継続裁判でも、根本的な改善はなされなかった。

弁護士たちの苦境

国際軍事法廷は自前の行政機構を持っていなかったため、弁護人不在の問題に即座に対応できなかった。結局、弁護士の調整を担当したケンプナーが、ふさわしい弁護士の捜索と斡《あっ》旋《せん》に奔走することになる。この時期はいまだアメリカ人が、拘留、非ナチ化、厳格な刑事訴追を求めていたこと——「脱褐色の煉獄［褐色のナチという地獄から脱するための煉獄。ダンテの『新曲』からの比喩］」（ヴィルヘルム・ローア）——を考えると、これが容易な仕事でないことは明らかだった。

弁護士たちの気持ちを確実に動かすのはカネだった。ニュルンベルク裁判での弁護に対して裁判所は月三五〇〇ライヒスマルクを支払い、二人の被告人の弁護をすれば報酬は五二〇〇ライヒスマルクにのぼるとしていた。しかし国際軍事法廷は、アイゼンハワー将軍が一九四五年一一月初頭に米占領予算から立て替えた五万ドルの支援を得たものの、慢性的な財政困窮状態にあった。それゆえ弁護士たちの一部は、数ヵ月ものあいだ報酬を待たねばならなかった。

一九四五年末頃、シャハトの弁護人ルードルフ・ディクスは、「わたしの家計が崩壊してしまう」と裁判所に訴えた。ディクスをはじめ、多くの弁護士たちの抗議により、ようやく裁判所は弁護士報酬のための緊急財政プログラムに着手する。さらに、弁護士のために、毎日、裁判所の食堂で温かい食事を提供し、米軍の商店の品物から石鹼、チョコレート、タバコ、カミソリの刃を支給するようになった。

ナチズムがドイツにもたらした前例なき政治的・軍事的・道徳的崩壊を前にして、ただ陰鬱な気持ちでニュルンベルクに着任した弁護士がいた一方で、この弁護依頼を引き受けることが愛国的な《パトリオーティッシュ》義務であると考えた弁護士もいた。この愛国的な《ナツィオナール》考えを持った弁護士のグループは、主要戦争犯罪人裁判を、外国にネガティブなドイツ像を提供し、ドイツ人の祖国愛《ファーターランズリーベ》を弱めることを狙った政治的な狼煙《のろし》であると批判していた。それゆえ、彼らによって国際軍事法廷や他の連合国の刑事訴追手続きは、復讐行為とのレッテルを繰り返し貼り続けられることとなる。

また、軍人の弁護を担当した何人かは、「ドイツ軍人の名誉」を守ろうという意図もあって依頼を引き受けていた。とりわけ、かつて空軍に勤務していたハンス・ラテルンザー（参謀本部の弁護人）と海軍法務官オットー・クランツビューラー（デーニッツの弁護人）は、ドイツの軍事指導の汚れなき姿を後世に伝えることが、自分たちの軍人としての「名誉な義務」であると認識していた。のちにアメリカの継続裁判にも関与するラテルンザーは、こうした立場に基づき、すでに国際軍事法廷に参加している頃からイニシアティブを発揮していた。

一九四五年にラテルンザーは歴史顧問グループを創設したが、そこでは彼の監修のもと、エーリヒ・フォン・マンシュタインとアルベルト・ケッセルリングの両元帥、フランツ・ハルダー上級大将、そしてジークフリート・ヴェストファール将軍が、国防軍最高司令部（OKW）の任務に関する弁明書を作成する。ラテルンザーとクランツビューラーは、ドイツの被告人の利益を守る活動から、数年後には、政治的なロビー活動の領域へと軸足を移していった。

国際軍事法廷の開始

一九四五年一一月二〇日、ニュルンベルク裁判所の六〇〇号法廷で、待望の国際軍事法廷の第一回公判が始まった。

実は、ローマン・Ａ・ルデンコ首席検察官に率いられたソ連検察団は、一二日間の期日延期を求めていた。翻訳・複写作業が決められた期限に間に合わなかったからである。ソ連は、自分たちのリーダーが「マラリアの発作」に苦しんでいるという見えすいた言い逃れすらおこなった。これに対しイギリス側は即座に、それは「外交風のマラリア」なのだろうと嘲弄的にコメントした。

ローレンスは開廷の辞で、この裁判は法学の歴史における運命の一瞬であり、「全世界の何百万という人々にとって特別の意義を持つ」と述べたが、いくぶん空虚に聞こえた。それは、イギリスの政界・法曹界の代表者たちが主要戦争犯罪人に対する国際裁判という計画を数年来論難してきたからである。

被告人たち——ライの自殺により法廷には二一人——は、判事に対して丁重な態度をとるよう、前日に収容所所長アンドラスから指導を受けていた。被告人たちは、それぞれのタイプや気質にしたがって、第一回公判のあいだ実にさまざまな振る舞いをみせた。

ゲーリングがいま再び世間の脚光を浴びているのを明らかに愉しんでいた一方、ヘスは、カメラの前で『ロイスル――ある少女の物語』[6]のような三文小説を読むことによって、訴訟の経過に無関心を示していた。こうした多様な被告人たちに一致していたのは、審理を通して自分たちの責任や罪を判断しようとすることへの拒絶であった。彼らは罪状認否で例外なく、「起訴状の意味においては無罪」と表明した。

ジャクソンの冒頭陳述――ナチ犯罪者と一般大衆の区別

被告人の罪状認否の次は、米首席検察官ジャクソンの晴れ舞台だった。数時間にもわたる雄弁な冒頭陳述のなかで、ジャクソンは、ナチの拡張・絶滅政策の詳細な像を提示しただけでなく、同時に国際人道法を集団的安全保障の道具に仕上げる必要性も示した。簡にして要を得た言葉で、国際裁判の召集こそが、この種の野蛮で悪意ある犯罪に対する唯一の十分な回答であると説明した。「勝利に満たされつつ不正に苦しむ四ヵ国が、報復に訴えず、捕らえた敵を自発的に法の裁きに委ねることは、権力が理性に対して認めた最も重大な譲歩のひ

法廷全景，1945年11月24日　右手に裁判官席，左手に被告人席．中央で起立しているのはジャクソン米首席検察官　AP／Aflo

とつであります」。

　同時にジャクソンは、被告人たちに、与えられたチャンスにふさわしく振る舞うよう警告したが、それはほとんど顧みられることがなかった。

　ドイツ人のなかには、米首席検察官の陳述を、自分たちがナチの悪行から距離をとることができる提案として聴いた者もいた。多くの人が懸念した（そしてしばしば間違いとわかっていながら主張された）集団的罪責テーゼに鑑みると、ジャクソンが、「ナチ革命家たち」「ドイツの反動主義者たち」「ドイツ軍国主義者たち」からなる犯罪者グループと、ドイツの一般大衆を区別していたからである。

いささか単純すぎるほどの大胆さでジャクソンは、集団ヒステリー、ヒトラー崇拝、狂信的人種主義、およびその他の「第三帝国」に典型的な現象を大目に見つつ、強制収容所の存在を――ダッハウのようなドイツ系の反ナチ派が多かった収容所を念頭に置きながら――ドイツ国民《フォルク》の抵抗の意志の明らかな証拠とみなしていた。

だが、こうした歴史解釈によってジャクソンは、仏検察団と真っ向から対立することになる。仏検察団長であるフランソワ・コント・ド・マントンは、自身の陳述のなかではっきりと全ドイツ国民の共犯性《ミットシュルト》を強調し、その原因を、克服されていない近代化プロセスの帰結としての「野蛮人への潜在的な傾向」としていたからである。

ジャクソンの陳述は、和解の響きに満ちた展望とともに締めくくられたが、当時のアメリカ人のほとんどは、そうした展望を持っていなかっただろう。大多数のドイツ人もまた、和解の響きに気付かなかったように見える。

たとえば、翌日の『スターズ・アンド・ストライプス』紙に掲載された平均的なドイツ市民の意見である。国際軍事法廷の第一回公判に関する見解を尋ねられると、フラストレーションを爆発させている。「わたしたちはとにかくお腹が空いていて、法の問題に頭を使うことなんてできません。あの卑《いや》しい奴らには死刑宣告でさえ寛大すぎます。けど結局、わたしたちにはどうでもいいことです」。

数ヵ月後には明らかにより多くの新聞読者たちがニュルンベルクの審理に興味を寄せるようになったにせよ、他者の苦悩に対する理解や関心は例外的なものだった。

一九三三年にドイツからフランスに逃れ、さらに一九四一年にはアメリカに亡命した哲学者ハンナ・アーレントは、このドイツの「崩壊社会」（クリストフ・クレスマン）の自閉症――あるいは具体的には経験能力の奇妙な欠如――について、一九五〇年に英語で発表した「ナチ支配の余波――ドイツからの報告」のなかで鋭く批判している。[7]

ジャクソンによる徹底的な文書重視

ジャクソンの陳述は、国内・国際メディアの注目をニュルンベルクの審理に向けさせた。だが、すぐにある種の倦怠感が多くの取材記者たちのあいだに広まっていく。それは、ジャクソンが、この裁判をどのように進めるか、きわめて特殊で確固としたイメージを抱いていることがわかったからである。

ジャクソンは、このような大規模かつ世論への影響力が大きい裁判は、証人の証言ではなく、文書による証拠に基づかねばならないと確信していた。それは、アメリカでの大きな反トラスト訴訟におけるジャクソンの経験からであった。ジャクソンはトルーマン大統領に、被告人の知名度と非難の激しさから、裁判がメディアの見世物に堕する恐れがあると説明していた。

他方でジャクソンは、一九二一、二二年のライプツィヒ裁判の失敗も念頭に置いていた。[8] ジャクソンは、第一次世界大戦の戦犯を裁こうとしたライプツィヒ裁判が、ベルギーにおけるドイツの残虐行為に関する新聞や証人の証言がのちに真実ではないと判明したことによって挫折したと考えていた。たとえこのジャクソンの歴史知識が時代の先端ではなかったにしても――すでに一九一八年に設立された「戦争責任委員会」が、ドイツ軍のベルギー進軍のあいだ、実際に深刻な戦争犯罪がおこなわれていたことを認定していた――、証言に基づく裁判のリスクへの彼の疑念は、まったく根拠がないわけではなかった。

アメリカや他国の多くの同業者たちと異なり、ジャクソンは、起訴の拠りどころを証言のみに求めることを危険と考えていた。ジャクソンは、裁判官たちがトラウマを負った犠牲者たちの想像を絶するような証言を疑うかもしれないと懸念していた。提起された罪状の信頼性を、約四〇〇〇の、主にドイツのアーカイヴに由来する文書によって根拠付けるという彼の決定は、「信じ難い出来事を信じられる証拠方法によって」裏付けようという揺るぎない判断の上にあった。

ジャクソンは、ホロコースト生存者の多くが戦後も苦しみながら過ごさねばならないことを心配していた。ドイツ人は、ユダヤ人を民族として抹消しようとしただけでなく、殺された人々に関する記憶まで破壊していた。裁判の数十年後の一九八六年に、理解できないことと信じられないことの壁について記した作家プリーモ・レーヴィ［アウシュヴィッツ強制収容所からの生還者］は、戦中に多くの実行者たちがとった態度を次のように書きとめている。「何らかの証拠が残り、おまえたちのうちだれかが生き延びたとしても、おまえたちの言うことは信じられない、と人々は言うだろう。それは連合国側の大げさなプロパガンダだと言い、おまえたちのことは信じずに、すべてを否定する我々を信ずるだろう」[9]

たとえジャクソンの決断に先見の明があったとしても――数世代もの歴史家が国際軍事法廷文書室（IMT Document Room）の膨大な資料をのちに利用することができた――、ジャーナリストや、自分のチーム内からでさえも、彼はあまり共感を得ることはできなかった。

裁判開始の三日後にローレンス裁判長が、これから検察によって提出されたすべての証拠方法を法廷で読み上げること、そしてそれらを英仏独露の四つの言語に書き写すことを告げた。これによって、居合わせていたジャーナリストたちは我慢の限界を迎えた。この新しい規則により、数ヵ月間、審理の進行が鈍化することは明らかだったからだ。それゆえ、文書の主たる責任者であった米検察団は、悪意ある批判的な報道の恰好の標的となる。

イギリスのジャーナリストであるレベッカ・ウェストは、あくびをしながら「退屈の要塞」と報道し、アメリカの同業者ジャネット・フラナーは次のように嘆いた。

「ナチがポーランド、ノルウェー、デンマーク、ベルギー、オランダ、ギリシャ、ユーゴスラヴィアに対する侵略戦争を遂行したという訴因を述べるために、イギリスは三日と半日を必要とした――ひどく骨の折れる仕事だ。わたしたちアメリカは、オーストリアとチェコスロヴァキアに対するものだけで五日を必要とする」

法廷での記録映画の使用

ニュルンベルク国際軍事法廷は、国際刑事法に革命をもたらしただけでなく、メディア史上の国際事件でもあった。史上初めて、刑事訴訟的な観点からの啓蒙と、マスメディアによる広報活動が、戦略的なやり方で相互に結び付けられたからである。裁判が巨大な世界的注目を集めた理由は、被告人たちの知名度や、彼らが犯した罪の大きさだけでなく、アメリカが裁判と結びつけた特別な意図があったからでもあった。

米検察団は最初から国際軍事法廷を、自分たちの「再教育」政策、すなわちポツダムで決定されたいわゆる４Ｄ計画（民主化Democratization、非武装化Demilitarization、カルテル解体Decartelization、非ナチ化Denazification）の一環として、ドイツ人を文明化する政策と結び付けていた。

さらに、遅くとも一九四五年夏の終わりから、裁判は、ナチ体制の犯罪的な性格と、国家による犯罪のさまざまな面を、ドイツ人に知らしめるために利用されねばならないと考えるようになった。つまり、一九一八年の敗戦後のドイツで生じたような伝説や神話の形成の芽を、予防的に絶つことを目指したのである。それゆえ、それは歴史的・政治的な啓蒙であると同時に、精神浄化的な衝撃としてドイツ人の感情に作用すべきものとされ、「教育裁判」（一九四六年にアルフレート・デーブリーンがハンス・フィーデラーという筆名で書いたエッセイのタイトル）として実施された。

このため米検察団は、占領の初期段階から、もっと言えば一九四五年五月のドイツ降伏以前から、記録映画の撮影に取り掛かっていた。アメリカ国内の裁判ではすでに一九一五年から記録的な証拠方法として映画の使用が許可されていた。だが、法廷における具体的な暴力行為の上映はそれまでなく、この試みは新しいものであった。一九四三年からおこなわれていたソ連の戦犯裁判でも映画が使われていたが、裁判の見せしめ的な性格を強めるものであり、立証のために審理で用いられたことはなかった。

米ソの両戦勝国がニュルンベルクで記録映画を用いた決定的な理由は、資料の圧倒的な豊富さと、その特異な性格であった。すでに一九四二、四三年から、米陸軍通信隊の映画・写真部隊は、毎月「史上最大の戦争」に関する数万点の写真と八万フィートを超える映画資料を作製していた。戦争の最後の数ヵ月の撮影では、ドイツの残虐行為を主に記録していた。ソ連では「ファシズムの残虐行為を確定するための特別委員会」が設立され、カメラマンが法廷のために記録を取り、ソ連の法医学者たちが、ドイツが残した殲滅の跡地に投入されていた。さらに連合国は、敗戦間際のドイツで、公私の多くの写真やフィルムを確保していた。

これらの記録は連合国側の検察にとって貴重な証拠資料であったが、とりわけ親衛隊が禁じていたにもかかわらず撮影された大量銃殺や拷問、絞殺の冷血さと精確さは、これまでの非難の信憑性を高めるだけでなく、実行者の背後にあったメンタリティについても説明しているように思えた。

また、「本物」と保証された映像は、これらの行為の責任者たちが絶対的に悪であることを強調し、「第三帝国」の野蛮な真実を直視することにつながると、四ヵ国すべての検察団が確信していた。

映画研究者ゲルトルート・コッホが強調するように、写真と映画は、新しい次元の犯罪——分業による大量殺戮——の出現によって生じた空白を満たすべきものであった。犯罪の種類と規模が法律によって適切に把握できず、言葉でも表現しがたいなか、法律家たちは、よりいっそう「映像の力」に賭けたのである。

冷淡な世論を信じさせる機能

すでに一九四五年一一月二九日に、米検察団のトーマス・J・ドッドは、主要戦争犯罪人たちの罪をめぐって、いわば「［反証されなければ立証できる］一応立証された証拠（Prima-facie-Beweis）」として、残虐行為に関する映像資料を法廷で示したいと判事団に要請していた。

こうして、『ナチ強制収容所』という記録映画が、いわゆる証拠方法として初めてニュルンベルクで上映された。ドッドは、主に米英によって解放された強制収容所を撮影した約一時間の記録映画を流したうえで、「これらの強制収容所の存在について、どの被告人たちも知っていた」こと、「強制収容所システム全体の成立・監督・運営の責任は、起訴状に記載された諸組織にある」ことをこの映画は証明していると述べた。上映にあたっては、映画の

解放直後のベルゲン＝ベルゼン強制収容所，1945年4月　死体をブルドーザーで移動させるイギリス兵
Roger Viollet／Aflo

映像は「それ自体で」物語るという指示が付け加えられていた。

証拠方法としての映画は、生の光景の残酷さを伝える力を持っていた。撮影されたもののいくつか——たとえばベルゲン＝ベルゼン強制収容所で死体の山を掬《すく》うブルドーザー——は「絶滅のイコン」（コルネーリア・ブリンク）[10]として、集合的な映像記憶となった。

他方でそれらは、とりわけアメリカ人がドイツの強制収容所に関する『ライフ』誌のフォトエッセイで導入したような、構成的モチーフともなっている。これらの写真は、殺害された遺体や虐待された犠牲者とともに、その場に居合わせたり、到着したばかりの米軍兵士もしばしば収めていた。彼らが強制収容所の住人たちに歓迎されているように、あるいはドイツ市民に強制収容所を直視するよう強いているかのように。

連合国の報道写真や週刊ニュース映画に負けず劣らず、ニュルンベルク裁判で上映された映画は、二重の主張を含んでいた。すなわち、ナチ支配に対する戦争の正当性の強調と、ドイツ人の改心である。この二つを、広範な世論に向けて視覚的に明らかにしたのである。映像の圧倒的な内容を目の前にして、弁護側は、人員配置や場所・時期に関する説明については疑念を呈したものの、その「信憑性」や「信頼性」については基本的に否定することはなかった。

その一方で、映画に対する被告人たちの反応を心理学者に記録させ、各被告人の個別の罪状確定に役立てようとする検察側の計画は挫折する。実は、のちに継続裁判の首席検察官テイラーが認めたように、ニュルンベルク裁判で上映された映画は、裁判の証拠方法としては、検察側の意向にほとんど適《かな》うものではなかった。しかし映画は、司法的な証拠の空白を埋めることはなかったが、抽象的だった実行者の行為と地理的に離れた場所でおこなわれた犯罪との連関を具体的に目に見える形で伝え、冷淡だった世論を信じさせる機能を果たしたのである。

結局、この民衆教育的な映画の上映は、刑事法的な真理の究明には無理があったが、無数の名もなき犠牲者のために「正義」を達成しようという根本的な目的を前に、すべて正当化されたのである。

ヨーロッパ・ユダヤ人の大量虐殺の扱い

たとえヨーロッパ・ユダヤ人の殺害というテーマが国際軍事法廷の核心ではなかったとしても、それに対する取り組みは、広範な場を占めることとなった。

米英仏ソの四連合国はすでに一九四五年の共同の起訴状で、ナチが完全な物理的絶滅を目的に無慈悲なユダヤ人迫害をおこなっていたことを強調していた。この起訴状によると、ナチ指導部はユダヤ人に対する包括的な「行動計画」を準備し、それは戦時中、約五七〇万人のさまざまな国籍のユダヤ人の殺害に行き着いたとしていた。

すでに個々の絶滅行為が法廷で討究される前に、検察側は、暫定的な捜査に基づき、ナチの迫害から生き延びたのは「ヨーロッパ・ユダヤ人のほんのわずか」という衝撃的な調査結果を得ていた。

アメリカは「共同謀議」と「組織犯罪」の訴因を留保していたが、米検察団は、大量虐殺の司法面での再検討について大きく貢献していた。一九四五年一二月一一日、米検察団のウィリアム・F・ウォルシュは映画『ナチ計画』の法廷上映後におこなった陳述で、戦前期の迫害政策を中心に話し、ドイツ占領地域に関するより陰鬱な反ユダヤ主義の全体像を描こうとしていた。

米検察団は、すでに述べた記録映画に加えて、一九四五年までポーランド総督を務めていたハンス・フランクの日記、ワルシャワ・ゲットー蜂起の鎮圧に関する一九四三年五月の親衛隊准将（SS-Brigadeführer［SS旅団長］）ユルゲン・シュトロープの報告書、そして無数の親衛隊行動部隊《アインザッツグルッペン》の報告書を入手していた。

アメリカ以外の三ヵ国の検察団も、自分たちの陳述をユダヤ人虐殺と何度も関連付けようとした。しかし、米検察団の陳述よりも詳細さに欠け、しばしば実情を歪《ゆが》めるものだった。

英仏のホロコーストへの視線

イギリスは、ドイツ政府の国際法的な条約違反の追及にとくに力を注いでいたが、自分たちの刑事訴追のなかで「ユダヤ・ファクター」（ジェノサイド史家ドナルド・ブロクサム）に特別な重みを加えないように配慮していた。これは外交的理由もあったが、ナチの迫害についてのイギリスのイメージがベルゲン＝ベルゼン強制収容所の解放の印象と結びついていたことにもよる。ブーヘンヴァルトやダッハウの強制収容所とは異なり、ベルゲン＝ベルゼンの犠牲者がユダヤ人であるというのは明白だったが、そのことは「無視された」のである。

フランスは、訴訟の管轄が「人道に対する罪」にあったため、ユダヤ人の大量虐殺を起訴の中心に据える課題を担っていたはずだった。だが、仏検察団はこのテーマをできるだけ考慮の外に置くよう努めていた。仏首席検察官ド・マントンは、非ユダヤ系のフランス民間人に対する犯罪に重点を置くことを冒頭陳述で明らかにしていた。なぜなら、それをドイツ占領軍と闘ったフランス・レジスタンスに対する報復とみなしていたからである。

象徴的なのが、レジスタンス運動のために抑留された非ユダヤ系のアウシュヴィッツ生存者であるマリー＝クロード・ヴァイヤン＝クチュリエが、フランス人の証人として召還されたことである。フランスの検察官の多くはレジスタンス出身であったが、このような選択は、明らかに「ヴィシー・シンドローム」（アンリ・ルッソ[11]）の結果でもあった。

多くのフランスの政治家や行政官が、自国民、外国人および国籍を失ったユダヤ人の選別・逮捕・抑留に積極的に協力していた事実ゆえに、フランスの検察官たちは、ユダヤ人殺害を精確に解明しようとはしなかったのである。また、シンティ・ロマへの迫害もフランスの起訴状では何の役割も果たさなかった。

ユダヤ人殺害の多くの証拠を提示したソ連

フランス人たちは歴史政策的な理由からユダヤ人殺害の詳細な取り扱いに抗したのだが、ソ連検察団はおそらく犠牲者の数量比較的な理由から、このテーマを詳細に論じる状況になかった。ソ連は兵士・民間人ともに最も多く死者を出した国である。二〇〇〇万人を超える死者を出した彼らから見れば、一〇〇万人のソ連ユダヤ人犠牲者は、特に危険にさらされていたにせよ、犠牲者グループのひとつに過ぎなかった。ソ連の検察官ルデンコは、ユダヤ人の特異な運命をことさら強調することはせず、多くの匿名の「ファシズムの犠牲者」のなかに組み入れた。だが、実はソ連は、ユダヤ人殺害に関して多くの証拠を提示した唯一の国であった。

一九四六年二月半ばから、ソ連検察団は一連の衝撃的な文書資料を提示する。そのなかにはバビ・ヤールにおける死体発見の報告書や[12]、アウシュヴィッツやマイダネクの強制・絶滅収容所に関する報告書が含まれていた。

ユダヤ人の証人の採用を戦略的な理由から避けた他の検察団――たとえばイギリスは、世界シオニスト機構の指導者の証言はイギリスのパレスチナ政策に否定的な影響を及ぼす可能性があるという理由から、ハイム・ヴァイツマン［のちにイスラエル初代大統領］の証言を拒否している——とは異なり、ソ連は三人のホロコースト生存者を法廷に召喚した。その三人とは、ヴィリニュス・ゲットーの生存者である作家アブラハム・スツケヴェル、アウシュヴィッツ強制収容所の生存者であるセヴェリナ・シュマグレフスカヤ、ポーランド人のサムエル・ライズマンである。

とりわけライズマンの詳しい証言によって、初めて法廷は「ラインハルト作戦」における絶滅収容所の機能と経過を知る。トレブリンカ絶滅収容所でのさまざまな活動に基づき、証人ライズマンは、当地で毎日一万から一万二〇〇〇人がガスで殺されたと陳述している(一九四二年七月から四三年八月のあいだに当地で殺害された犠牲者の総計は九〇万人に達した)。陳述のあいだライズマンは、殺害された妻と子どもが写った一枚の写真を手にしていた。ライズマンは追加尋問の際に、わたしに残された家族に関するものはこの写真だけだと述べている。

なぜ桁外れの犯罪と認識されなかったのか

数ヵ月が経つと、ニュルンベルク裁判で提示された証拠資料が、ユダヤ人大量虐殺の重苦しい全体像を結ぶようになった。多くの詳細な情報を一度に立証することができなかったとはいえ、無数の文書と証人の証言が明らかにしたのは、ヨーロッパ・ユダヤ人に対するナチの大量殺戮が、人類史上比類なき質と規模を有する犯罪だということであった。

国際軍事法廷は、犠牲者を中心に据えた法文化にも貢献しなければならないという主張さえ掲げるようになったが、こうした事実を前にしても、並外れた犯罪として認めるような明確な意識の変化は当時は起こらなかった。それにはさまざまな理由を挙げることができるだろう。

第一に、検察側の戦略が、ユダヤ人に対する暴力犯罪は独特の犯罪ではなく、他の諸国や諸民族を征服するというナチが追求した計画全体の構成要素であると想定していたからである。それゆえ、開廷前にもともと構想されていたアメリカの追及プランとは異なって、戦前におこなわれた反ユダヤ的な犯罪は、侵略戦争に対する潜在的な敵としてユダヤ人が排除されたのであり、目的のための手段に過ぎないと解釈されたのである。たとえば一九三八年一一月のポグロム［「水晶の夜」］のあとユダヤ人に課された財産没収は、あくまでナチの軍備資金を調達するためのものとされている。

何より遡及効を避けるために展開されたこうした議論に基づき、結局、一九三九年以前のすべての犯罪行為についての管轄を法廷は拒否する。その直接の理由は、一九三九年の戦争勃発以前の迫害は、侵略戦争ないし戦争犯罪との関連性が認識できず、「人道に対する罪」として評価することはできないというものだった。そのため戦前の犯罪は審理のなかでの価値は低かったが、判決理由のなかでの詳細な歴史叙述によって、ある程度は埋め合わせられたかもしれない。

第二の理由は、明らかに政治的・イデオロギー的なものである。すでにソ連のホロコースト生存者の尋問の際、イギリスの判事たちは、ソ連が指名した証人であるという理由で、証言の信憑性に疑いを抱いていた。

これに関連することだが、イギリス判事バーケットは、ソ連の起訴戦略が「著しく低級」であると嘆息し、ソ連証人の証言に関しても「全体的にきわめて誇張されたもののように思えるし、綿密に吟味するための方法が欠けている」と書きとめている。いずれにせよバーケットも他の裁判参加者も召喚されたユダヤ人に交互尋問をおこなわず、この深い疑念を取り除く一回限りのチャンスを使わずに終えている。

第三に、認識への抵抗感、精神的な遮断があったことである。これは、戦時中から西側連合国の態度に影響を与えていた心理的要因である。米検察団が予期していたように、ホロコーストは普通の人間の想像力をはるかに超えたものであった。ニュルンベルク裁判の判事たちも、この犯罪のとてつもない規模をそう簡単に受け入れられる状況になかったのである。結局、ニュルンベルク裁判の判決文を読むと、判事たちが、検察の「意図派」[13]的な議論に強い影響を受けていたことがよくわかる。これは、個々人の具体的な動機や責任をすべてヒトラーという指導者の前に霞《かす》ませ、ホロコーストの理解にネガティブな影響をもたらすものであった。

ただし、注目すべき例外として、東部戦線の高位軍人に関するものがある。国際軍事法廷判決は、保安部（SD）と治安警察（Sipo）の行動部隊《アインザッツグルッペン》による作戦が、個々の前線で軍総司令官の承認と支持のもとでおこなわれていたことを、はっきりと強調していたからである。たとえ国際軍事法廷が陸軍参謀本部と国防軍最高司令部（OKW）の組織としての罪を却下した事実があったにせよ、大量虐殺の実行における軍指導部とナチ組織の共犯性は疑う余地のないものと見なしたのである。

しかしドイツ世論は、この国際軍事法廷の判断を国防軍最高司令部に対する無罪判決であると勘違いすることになる。

被告人たちの最後の意見表明

判決言い渡しの約一ヵ月前である一九四六年八月三一日、被告人たちは最後に宣誓せずに意見表明をする機会を与えられた。

九ヵ月以上の審理が罪に対する悔悛《かいしゅん》効果をもたらしたのではないかと期待した者は、すぐにそれが誤りだったと悟った。ヒトラーの補佐役ゲーリングによる最初の意見表明で明らかになったように、多くの被告人たちが、自分たちはヒトラーやヒムラーに唆《そそのか》され、利用された犠牲者だったという、単純かつ率直な言い逃れに切り替えていたからである。

こうした主張は、ある程度は検察側の立証に対する論理的な反応だとしても、個々の被告人に提示された深刻な犯罪に関する共謀性と共犯性を異論の余地なく立証する膨大な資料を、まったく無視するものであった。

それゆえゲーリングが「恐るべき大量殺戮を厳しく」非難しても、判事たちの心は動かなかった。この間、一九三八年一一月のポグロム後の反ユダヤ主義政策強化でゲーリングが果たした役割だけでなく、とりわけ、彼が一九四一年七月三一日に「ヨーロッパのドイツ勢力圏におけるユダヤ人問題の全体的解決」の準備に関して治安警察および保安部長官ラインハルト・ハイドリヒに権限を与えたことも、すでに周知の事実だったからである。

被告人席　前列左からＨ・ゲーリング，Ｒ・ヘスら

結局、被告人の声明（フリッチェだけは口頭ではなく短い文書で態度を表明）は、戦後におけるドイツ人の自己免責言説のスタンダード・レパートリーとなる、あらゆる常套句を繰り広げるものとなった。

最も大きな権力を持っていた二人の党指導者ヒトラーとヒムラーを悪魔に仕立てることに始まり、「悲劇的なドイツの理想主義」（フリッチェ、デーニッツ）、「神なき社会」（フランク）、「悪用された軍人の忠誠」（カイテル）、「非政治的な官僚の職務」（フリック）、「冷酷なテクノクラシー的近代」（シュペーア）が述べられた。これらの言葉は――別々に、あるいは相互に結び付けられながら――自分たちの責任を否認するため、または小さく見せるために使われた。

何人かの被告人は、四連合国間の緊張関係に付け込もうとした。たとえばザウケルは、自分の反共主義的な動機を強調していた。また、ヘスは検察が審理を受ける能力すら疑うほど奇矯な行動を続けて混乱の要因であったし、ザイス＝インクヴァルトはいまだに「総統」への崇拝を隠さなかった。さらに彼は、大衆感情に付け込もうと、東欧の領土分配に関する一九四三年のテヘラン合意が国際法違反と指摘し、これについては西側戦勝国のなかでも一定の共感を得ていた。

判決へ

五〇〇〇を超える証拠文書が提示され、二四〇人の証人が聴取された計二一八日に及ぶマラソン審理後、判事団は、一九四六年九月三〇日と一〇月一日に判決を言い渡した。とりわけドイツの戦争計画と戦争準備を扱った最初の部分は、米検察団の立論に大きく拠っていた。いかなる場合でも tu quoque 論［二九頁参照］による連合国の国際法侵害についての議論は許さないという、すでにロンドンで宣言されていた路線にしたがって、判決は、独ソ不可侵条約やカティン事件をあっさり黙殺した。

国際法は侵略戦争の遂行に関して個人の処罰を認めていないという弁護側の抗弁に対しては、一八九九年と一九〇七年のハーグ陸戦法規や他の国際協定も、関連規程がないにもかかわらず、個人の処罰の根拠として援用することは可能であると判事団は反論した。

共同謀議に関しては、侵略戦争の遂行にのみ適用するという、事前の妥協案［二九―三〇頁参照］に沿うものとなった。この限定解釈によって、一九三九年以前におこなわれた暴力行為は国際軍事裁判所憲章における「人道に対する罪」と見なされず、それゆえ裁判の管轄には含まないとされた。

組織に対する非難については、判事団は抑制的に扱い、犯罪的な組織は三つに限定された。ゲスターポ・保安部、親衛隊（武装親衛隊や髑髏《どくろ》部隊も含む）、ナチ党政治指導者団の三組織である。陸軍参謀本部と国防軍最高司令部は犯罪組織と判定されなかったとはいえ、判事はその指導者たちを「粗暴な軍事的カースト」と呼び、将来的に刑事裁判で彼らの責任を問うことを推奨した。

法廷は、戦時国際法違反を企てた国家元首は処罰阻却を主張することも、酌量減軽を要求することもできないという、国際軍事裁判所憲章第七条で確立された原則を確認した。これにより、国家と個人の二つの責任が初めて確立された。

他方で、命令に従った行為をどう捉えるかという議論の余地のある問題については、判事団は明確に意見を述べなかった。命令に従った行為は原則的に刑法的な責任から逃れられないが、酌量減軽は可能であると述べるにとどまったのである。

判決と彼らのその後——死刑は一二人

二二人の被告人のうち、一二人に死刑が宣告された（ゲーリング、フォン・リッベントロップ、ローゼンベルク、フリック、カイテル、ヨードル、カルテンブルンナー、フランク、シュトライヒャー、ザウケル、ザイス＝インクヴァルト、そして欠席のボルマン）。三人の被告人が終身刑を宣告され（ヘス、フンク、レーダー）、以下の者は有期の自由刑［受刑者の自由を剥奪し、拘禁施設内に強制的に収容することを内容とする刑罰］を言い渡された（デーニッツは一〇年、フォン・シーラッハとシュペーアは二〇年、フォン・ノイラートは一五年）。他方で、フリッチェ、パーペン、シャハトはすべての訴因について無罪となった。

米検察団にとって後退だったのが、共同謀議と平和に対する罪を犯したと認定されたのが八ないし一二の被告人にとどまったことである。[14] 死刑を宣告された者は、みな戦争犯罪および人道に対する罪で有罪とされた。[15] ただしソ連判事は、判決文末尾の少数意見のなかで、フリッチェ、パーペン、シャハトの無罪判決に反対を表明し、「人道に対する罪」を犯したとしてヘスに死刑を要求した。さらに他の判事の見解とは違い、内閣および陸軍参謀本部と国防軍最高司令部も犯罪組織であるとしていた。

刑の宣告後、連合国管理理事会が囚人たちに対する取り扱いの責任を引き受けた。恩赦の請願と控訴の申請がすべて棄却されたのち、一九四六年一〇月一五日、八人のジャーナリストと二人のドイツ人裁判所職員、そして数名の医者の眼前で、一〇人の死刑囚[16]が絞首刑に処された。

自由刑を宣告された者たちは、一九四七年までニュルンベルクに留められ、その後ベルリンのシュパンダウにある連合国の監獄に移送された。のちに順々に釈放されていくが、まず一九五四年一一月にフォン・ノイラートが病気のために、続いてレーダー（五五年）、デーニッツ（五六年）、フンク（五七年）、そしてシュペーアとフォン・シーラッハ（六六年）と続いた。連合国が拘置していた最後の囚人ヘスが一九八七年に九三歳で自殺したあと、四占領国が協調して管理していた連合国戦犯刑務所は解体された。

無罪判決となった三人の被告人は、ドイツの非ナチ化審査機関の決定により、その後さらに数年にわたる拘留に服した（一九五〇年までには全員が再び自由の身となる）。一九四六年に

2-3 ニュルンベルク国際軍事法廷判決

被告人	「第三帝国」時代の主な地位	生没年	訴因 I	訴因 II	訴因 III	訴因 IV	判決	備考
ゲーリング	国家元帥、空軍最高司令官、四ヵ年計画全権委員	一八九三-一九四六	○	○	○	○	絞首刑	執行前に自殺
ヘス	総統代理	一八九四-一九八七	○	○	×	×	終身刑	ソ連判事はこの判決に反対し、死刑相当とした。
リッベントロップ	外相	一八九三-一九四六	○	○	○	○	絞首刑	執行
カイテル	国防軍最高司令部長官	一八八二-一九四六	○	○	○	○	絞首刑	執行
カルテンブルンナー	国家保安本部長官	一九〇三-四六	×		○	○	絞首刑	執行
ローゼンベルク	東部占領地域担当相	一八九三-一九四六	○	○	○	○	絞首刑	執行
フランク	ポーランド総督	一九〇〇-四六	×		○	○	絞首刑	執行
フリック	内相、ボヘミア・モラヴィア保護領総督	一八七七-一九四六	×	○	○	○	絞首刑	執行
シュトライヒャー	ナチ党フランケン大管区指導者、新聞『シュテュルマー』発行人	一八八五-一九四六	×			○	絞首刑	執行
フンク	経済相	一八九〇-一九六〇	×	○	○	○	終身刑	健康上の理由で五七年釈放
ザウケル	労働動員全権委員	一八九四-一九四六	×	×	○	○	絞首刑	執行
ヨードル	国防軍最高司令部統帥幕僚部長	一八九〇-一九四六	○	○	○	○	絞首刑	執行
ザイス=インクヴァルト	オランダ全権委員	一八九二-一九四六	×	○	○	○	絞首刑	執行

シュペーア	軍備・戦時生産相	一九〇五‐八一	×	×	○	○	二〇年	満期出獄
ノイラート	外相、ボヘミア・モラヴィア保護領総督	一八七三‐一九五六	○	○	○	○	一五年	健康上の理由で五四年釈放
ボルマン	ナチ党官房長官	一九〇〇‐四五	×		○	○	絞首刑	（欠席裁判判決）七三年西独裁判所はボルマンの四五年死亡を確認
シーラッハ	ヒトラー・ユーゲント指導者 ナチ党ウィーン大管区指導者	一九〇七‐七四	×			○	二〇年	満期出獄
レーダー	海軍最高司令官	一八七六‐一九六〇	○	○	○		終身刑	高齢・健康上の理由で五五年釈放
デーニッツ	海軍最高司令官 ヒトラー後継元首	一八九一‐一九八〇	×	○	○		一〇年	満期出獄
シャハト	国立銀行総裁、経済相	一八七七‐一九七〇	×	×			無罪	ソ連判事は判決文末尾でこの3人の無罪判決に対する反対意見を附した。
パーペン	副首相	一八七九‐一九六九	×	×			無罪	
フリッチェ	宣伝省ラジオ部局長	一九〇〇‐五三	×		×	×	無罪	

訴因Ⅰ（共同の計画もしくは共同謀議への関与）
訴因Ⅱ（平和に対する罪）
訴因Ⅲ（戦争犯罪）
訴因Ⅳ（人道に対する罪）

8　12　16　16……有罪とされた訴因（○）
14　4　2　2……無罪とされた訴因（×）
22　16　18　18……訴因合計

出典・芝健介「ニュルンベルク裁判小考」『國學院雑誌』八九巻四号［一九八八年四月］二一頁（表記を一部改めた）

処刑されたヨードルは、五三年にミュンヘンの非ナチ化審査機関によって、死後に「無罪（entlastet）」と格付けされた。

戦争の最後の数日間で死んでいたボルマンの骨がベルリンで発見されたのは一九七二年末だったが、すでに五四年の時点で公式に死亡が宣言されていた。

評価――「勝者の裁き」論、遡及効批判に対して

軍事法廷という名目であった国際軍事法廷の審理は、疑いようもなく、戦時国際法と人道的な国際刑事法の発展にとって重要な一里塚をなすものであった。と同時に、この訴訟手続きは、多くの新しい法的・道徳的問題を投げかけた。「勝者の裁き」という非難を用いて、弁護団は裁判の正当性を否認しようとしたが、この非難は、とりわけグローバルな展開を考慮に入れたとき、ある程度の根拠を得ていた。

国際社会にとって、一九四五年における侵略戦争と大量虐殺の処罰の決定は、それ以前から存在していた非対称性を是正する契機にはならなかった。たとえば、一九四五年五月にセティフで反乱を起こした四万のアルジェリア人を虐殺したフランスの軍人たちは処罰されなかったし、四六年以後、軍事侵略や民間人に対する爆撃に対してひとつの訴訟もおこなわれ

なかった。

それゆえ、ニュルンベルク国際軍事法廷の最大の欠点は、創造された規範が、自らの普遍的な主張にもかかわらず、その後も拘束力を持たなかったことであった。とくに国際刑事法を自国の人権侵害に対して適用することを拒絶し続ける大国の態度は、ニュルンベルク判決がさらなる犯罪を抑制せず、大国は事実上ある程度は保護されるという結果を導いた。たとえ常設の刑事裁判所が設立されていたとしても、事態は変化しなかっただろう。なぜなら、世界が東西二つの敵対する政治的・軍事的ブロックに分断されたことによって、国家主権や、刑事訴追に対する国家元首の不可侵特権は、新たに強められたからである。

「勝者の裁き」論に比べると、他の多くの異議は、単なる不備への言及に過ぎないのかもしれない。周知のようにニュルンベルク裁判は、遡及的な処罰という問題を次のように解決した。つまり、人道に対する罪はすでに一般に承認されている戦争犯罪と結び付けられるものであり、また侵略戦争の可罰性はハーグ陸戦法規や一九二八年のケロッグ＝ブリアン条約の類推から導き出されるとしたからである。こうした理由付けが完全に納得できないとしても、遡及効の禁止は絶対ではないという裁判所の決断は、犯罪の規模に鑑みると、法的にも道徳的にも必要なものであった。

根拠のある異議はあるにせよ、多くの批判者たちには、裁判に代わる選択肢があったのかという問いに答える義務がある。当時を回顧しながら米陸軍長官スティムソンは、一九四五年春に連合国が抱えたジレンマを次のように明確に述べている。

われわれがナチスを拘留したとき、われわれには三つの可能性が開かれていた。釈放するか、即決処罰するか、裁判手続きをおこなうかである。捕虜の釈放は論外だった。というのも、犯罪がおこなわれなかったと理解されてしまうおそれが間違いなくあったからである。即決処罰は多方面から推奨された。なぜなら、感情的な欲求が短期間で満たされるからである〔…〕。しかし、ナチの方法を用いたならば、戦勝国の道徳的な立場は損なわれてしまうだろう。それゆえ、われわれは第三の道を決断し、捕らえた犯罪者たちを法廷で裁くことにした。これにより、われわれは彼らに、彼らが彼らの敵に拒否したものを認めてやるのだ――つまり、法の保護というものを。

第3章

12の継続裁判

「第三帝国」エリートたちへの裁き

アメリカ単独の管轄

一九四六年初頭の段階で、すでにニュルンベルク国際軍事法廷の米首席検察官ロバート・H・ジャクソンは、米陸軍省や国務省の責任者たちと、第二の国際軍事法廷は開催せず、代わりにアメリカ単独の管轄による、ドイツ人エリートの代表者たちへの継続裁判をおこなうことで合意していた。

ジャクソンは、一九四五年六月から軍政副長官として在独アメリカ軍政局（OMGUS）の指揮を担っていたルシアス・D・クレイ将軍から支援を受けていた。アメリカの政治エスタブリッシュメントのなかでは「リアリスト」に属していたクレイは、ドイツを政治的・経済的に徐々に再生させていく政策を支持していたが、それでも厳格な非ナチ化・再教育計画という目標には固執していた。

クレイは、枢軸国犯罪訴追首席検察官局（OCCPAC／Office of the US Chief of Counsel for the Prosecution of Axis Criminality）にドイツの職業エリートに対する起訴のゴーサインを出しただけでなく、すでに一九四五年七月に「ダッハウ裁判」という名称のもとで始動していた米軍の刑事訴追計画も支持していた。

このドイツの経営者、軍人、行政官僚に対する刑事訴追という野心的な計画を実現させるためにアメリカは、一九四六年三月に枢軸国犯罪訴追首席検察官局の大幅な改組を決定した。国際軍事法廷に続く継続裁判のための個別の部局が創設され、ジャクソンの代理テルフォード・テイラーがそれを管轄した。

一九四六年一〇月に枢軸国犯罪訴追首席検察官局は解消され、テイラーは首席検察官として戦争犯罪首席検察官局（ＯＣＣＷＣ／Office of the US Chief of Counsel for War Crimes）の指揮を執ることになった。アメリカ政府に従属していた枢軸国犯罪訴追首席検察官局とは異なり、テイラーの戦争犯罪首席検察官局はアメリカ占領機関の一部であった。ある程度の自由裁量を与えられ、政治的な介入からも保護されていたが、後述するように、遅くとも一九四七年半ばから、ドイツで活動する検察官たちに対するワシントンからの風当たりは日増しに厳しくなっていった。

テイラー首席検察官の意図

テイラーは、ジャクソンよりも融和的な人物で、政治的・イデオロギー的にも不安が少なく――彼のアカデミックな素養ゆえに――明確な自己意識の持ち主であった。とはいえ、彼は目標設定の根本のところでは、ジャクソンと一致していた。

テイラーも、「二級の」主要戦争犯罪人の捜査にあたって、重大な犯罪にさまざまな権力ブロックが関与していること、具体的には侵略戦争の共同謀議への関与を解明することが重要であると確信していた。こうした理由から、継続裁判では、のちの一九六一年にドワイト・D・アイゼンハワー米大統領が「軍産複合体」と呼ぶものの代表者に該当しうる人びとが主に被告人として選ばれた。

T・テイラー首席検察官　AP／Aflo

また、先行する国際軍事法廷判決を背景に、テイラーは、集団に罪を割り当てないよう考慮した。彼は、一九四八年にワシントンの陸軍省に宛てた報告書で、自分の責務は「多数の国際法的犯罪に関して、最も深刻な個人の責任の所在について決断を下すこと」と記していた。その際、証拠をもとに「あらゆる階層の指導的人物の行動」を吟味すべきとした。

3－1　ニュルンベルク継続裁判の被告人の職業

	被告人数	事件番号
医師，法律家	39	1, 3
親衛隊員，警察官	56	4, 8, 9
軍人	26	7, 12
企業家，経営者	42	5, 6, 10
閣僚，政府高官	22	2, 11

それゆえ、「政治的もしくはその他の信条」のみ、あるいは犯罪的とされた組織ないし特定の職業集団に所属していることのみを理由としては、誰も処罰しないとしたのである。

一九四六年五月半ばに、テイラーは四〇〇人の捜査チームをいくつかの単位に分割した。たとえば、あるセクションは経営者（クルップ、フリック、ＩＧ《イーゲー》ファルベンのような企業の代表者）を担当し、他のセクションは国防軍将校を担当した。

そして、これら二つのカテゴリーの代表者から起訴されたのは、もともと起訴されるはずだった一八五名から三分の一ほどに減らされた。

継続裁判の被告人を個別に見ると、被告人は上記の職業集団から構成された（3―1）。

戦争犯罪首席検察官局が一九四六年から四九年までにおこなった一二の訴訟手続きのうち、三つが「第三帝国」における産業・経済指導者の役割を問い（クルップ裁判、フリック裁判、ＩＧファルベン裁判)、二つが強い経済的な背景を持つものであった(ミルヒ裁判とヴィルヘルムシュトラーセ裁判)。

当初はドレスナー銀行の構成員への裁判も計画されたが、計画全体の速度を増すようにという在独アメリカ軍政局による要求の犠牲となって裁判は沙汰止みとなった。

こうした経済界への刑事裁判は、強制労働および強制収容所における労働動員への関与、ドイツ占領地域における略奪(たとえば機械や軍備材料の搬出)、ユダヤ人財産没収への関与、そしてナチ党および親衛隊への財政的支援(たとえば「ヒムラー友の会」への所属)を対象とした。

それに対して軍人への裁判は、人質の射殺、国際法に反する戦時捕虜待遇、民間人の抑留や殺害が、主たる議論の対象となった。

さらに継続裁判では、「安楽死犯罪」や強制収容所の被収容者を用いた医学実験、およびナチ人種関連法の適用が議論された。

継続裁判の政治的・法的枠組み

四占領地区における連合国軍政府の司法当局が別々に刑事訴追する法的な根拠は、一九四五年一二月二〇日の管理理事会法第一〇号（KRG一〇号）だった。実体法的な根拠としてKRG一〇号は国際軍事裁判所憲章に沿うものだったが、KRG一〇号に定義された人道に対する罪は、戦時中の犯罪に限られていた国際軍事法廷における暗黙の限定が取りはずされていた。

しかし、この見逃すことができない変更も、法実務的な観点からはそれほど意味を持たなかった。なぜなら、アメリカの軍事法廷は、一九三九年の戦争勃発後の、たいていは非ドイツ人に対しておこなわれた犯罪を罰するという、国際軍事法廷判決の抑制的な解釈に準拠していたからである。

さらに、犯罪の形態を定めたKRG一〇号第二条第二項は、正犯、幇助《ほうじょ》犯、教唆《きょうさ》犯を可罰としただけでなく、承認（Zustimmung）も罰しうるとしていた。アメリカ占領地区でおこなわれた継続裁判の裁判所構成法的・手続法的な根拠は、英米的な刑事訴訟法の当事者原則に立脚した、一九四六年一〇月二六日の在独アメリカ軍政局指令第七号であった。

ドイツの職業エリートに対するアメリカの戦犯プログラムの第二の柱は、アメリカの軍事法廷という枠組みであった。テイラーのもともとの計画にしたがって、まず六つの法廷が設立され、続く数年のうちに、同様にⅠからⅥまでのローマ数字を振られた法廷が新たに付け加えられた。

上告審および控訴審は、継続裁判でも予定されていなかった。検察当局と同様に、判事側も在独アメリカ占領当局の一部だったが、裁判官の選出と任命は陸軍省がおこなった。

一九四七年、裁判官の選出をめぐり、テイラーと米最高裁判所長官フレッド・ヴィンソンのあいだで深刻な不和が生じていた。テイラーが経験豊富で老練な人材をドイツへ派遣するよう依頼したにもかかわらず、ヴィンソンは、この仕事に連邦裁判官は派遣しないと決めたからである。結果として、ニュルンベルク継続裁判の判事には「二軍」しか来ず、さらには多くの人員交替がおこなわれ、判事の配置に苦慮することになる。この慢性的な判事不足が、テイラーの壮大な計画を一二の裁判にまで削減しなければならなかった主たる理由のひとつである。

話は先走るが、米国議会が、当初戦争犯罪首席検察官局のために承認していた予算を、一九四七年に半分にまで削減したことにより、最後の二つの裁判はクレイ将軍の支援によってなんとか実現する。冷戦の到来により、アメリカでは戦犯問題に対する根本的な心情の変化が生じていた。それは、首席検察官テイラーとワシントン当局とのあいだの対立へとつながった。だが、イギリスの歴史家ブロクサムは、裁判計画の進行には明白な影響がなかったと

3-2　ニュルンベルク継続裁判一覧表

事件番号	通称	審理期間	主要被告人
1	医師裁判	一九四六・一二・九—四七・八・二〇	カール・ブラント
2	ミルヒ裁判	一九四七・一・二—四七・四・一七	エアハルト・ミルヒ
3	法律家裁判	一九四七・三・五—四七・一二・四	ヨーゼフ・アルトシュテッター
4	ポール裁判	一九四七・四・八—四七・一一・三	オズヴァルト・ポール
5	フリック裁判	一九四七・四・一九—四七・一二・二二	フリードリヒ・フリック
6	ＩＧファルベン裁判	一九四七・八・一四—四八・七・三〇	カール・クラオホ
7	南東戦線将官裁判（人質殺害裁判）	一九四七・七・一五—四八・二・一九	ヴィルヘルム・リスト
8	親衛隊人種・植民本部（ＲｕＳＨＡ）裁判	一九四七・一〇・二〇—四八・三・一〇	ウルリヒ・グライフェルト
9	行動部隊裁判	一九四七・九・二九—四八・四・一〇	オットー・オーレンドルフ
10	クルップ裁判	一九四七・一二・一七—四八・七・三一	アルフリート・クルップ
11	ヴィルヘルムシュトラーセ裁判（諸官庁裁判）	一九四八・一・六—四九・四・一四	エルンスト・フォン・ヴァイツゼッカー
12	国防軍最高司令部（ＯＫＷ）裁判	一九四八・二・五—四八・一〇・二八	ヴィルヘルム・リッター・フォン・レープ

出典・Kim C. Priemel und Alexa Stiller（Hg.）, *NMT. Die Nürnberger Militärtribunale zwischen Geschichte, Gerechtigkeit und Rechtschöpfung*, Hamburg: Hamburger Edition, 2013, S. 757f. の表をもとに訳者作成

言う。それは、テイラーが指揮する戦争犯罪首席検察官局が自律的であり、ワシントンからの圧力が激しくなった時点で、すでに裁判の準備がほとんど終わっていたからである。継続裁判については、反共主義者や親独主義者たちが裁判を妨害したという主張もあるが、それはニュルンベルク裁判をめぐる神話のひとつであると言えよう。

第1号事件——医師裁判

テイラーが首席検察官に任命された翌日、つまり一九四六年一〇月二五日、戦争犯罪首席検察官局は一連のニュルンベルク継続裁判のうちの最初の起訴状を提出した。「医師裁判」の名称で知られる、「北米合衆国 vs. カール・ブラント他」裁判である。

これは、ナチの医療犯罪に直接関与したか、職権によって医療犯罪を準備ないし指令した、二〇人の親衛隊員、または強制収容所の医師・医療関係者、および三人の高位行政官僚を裁くものであった。

かつてヒトラーの随行医師を務め、「第三帝国」の保健・衛生全権委員にまで昇りつめたカール・ブラントに加えて、「T４作戦」(「安楽死」政策の本部があったベルリンのティーアガルテン通り四番地にちなんで名づけられた)に責任を持つヴィクトア・ブラックや多くの強制収容所医師が被告人席に座った。

起訴の焦点は、強制収容所の被収容者や戦時捕虜らにおこなわれた医療実験であり、一六のうち一四の訴因がこの点に関わっていた。さらに、精神障害者および身体障害者や強制収容所被収容者への「成人および子どもの安楽死」（強制収容所の書類整理記号により「14 f 13」作戦と名付けられた）や、「遺伝的疾患のある」、犯罪的な、「反社会的な」人びとの強制断種が、裁判の対象となった。

訴因は、戦争犯罪および人道に対する罪の遂行への共同謀議、戦争犯罪と人道に対する罪、親衛隊への所属とされた。戦時中に非ドイツ系ないし無国籍の犠牲者に対しておこなわれた犯罪にもっぱら集中していた国際軍事法廷とは異なり、人道に対する罪の訴因は、はっきりとドイツ人に対する人道上の罪に適用されるものとなった。また、国際法上の革新として、一九三九年以前におこなわれた犯罪行為も、人道に対する罪への「共同謀議」として初めて起訴された。

検察は、起訴内容を裏付けるために五七〇の宣誓供述書と証拠文書を提示し、三二の証人を指名した。重要な証拠方法としては、たとえばブーヘンヴァルト強制収容所の病棟日誌がある。これは、かつて当地に拘留されていたオイゲン・コーゴンが保管し、彼によって裁判に提出されたものである。また、検察側は、イリノイ大学副学長だったアンドリュー・C・アイヴィー医師を召喚し、ニュルンベルク裁判史上初めて、医学的・学問倫理的な観点から法廷に意見を述べる専門家の証人として、意見を聴取した。

対して、この審理の弁護団は強力な編成で、計九〇一の証拠物件と、三〇人の証人を提示する。また、ドイツ各地域の医師会の幹部会は、まだ「西ドイツ医師会作業共同体」として連合する前だったが、裁判を観察するため、ハイデルベルク大学の若き講師アレクサンダー・ミッチャーリヒを長とする委員会をニュルンベルクに派遣する。ドイツ人医師たちは、この審理が彼らの職業の集団的な免責につながることを期待していたのである。

「人体実験」に自ら進んで参加した医師たち

一九四六年一二月九日から四七年八月二〇日までの審理の過程で判明したのは、長く追求してきた学問政治的・職業的な考えを実現するための歓迎すべきチャンスと、ナチズムを理解した世代の医師の存在だった。弁護団は、強制収容所に収容された無力な人びとへの医学的な実験を、国家指導部が命じた、あるいは戦争状況によって強いられた措置だったと思わせようとしていたが、医師たちの大部分がナチ保健政策の遺伝学的・人種学的な目的と自分を一体化させていたことが、論証の過程で明らかとなった。

多くの事例で医療実験遂行のイニシアティブをとっていたのは、ヒムラーやナチ幹部ではなく、医師たち自身だったのである。さらに明らかとなったのは、多くの研究者たちが人体実験に自発的に参加したこと、彼らはそれを自分の職業的な功名のために、兵役への招集を免れるために、利用していたことであった。

「使い捨ての」人体実験の例は、極端な条件下で人体の負荷耐久能力を試した、ダッハウ強制収容所における低圧室実験や過冷却実験である。この実験が始まったのは、一九四一年五月に空軍軍医ジークムント・ラシャーが、強制収容所の被収容者を被験者にしてもよいという許可をヒムラーから得たことによる。この実験で被収容者の死は是認され、他の事例でも「生きるに値しない人的資源」として殺害目的で求められることになる。

たとえば一九四二年初頭に、ストラスブール「ライヒ大学」[1]の解剖学正教授アウグスト・ヒルトは、新たな研究のために「ユダヤ・ボルシェヴィキ人民委員」の頭蓋骨コレクションの調達が必要だとヒムラーに伝えている。

判決とドイツ人医師たちの〝反応〟

一九四七年七月二〇日の判決で、法廷はこうした実験に関して、問題は個々の実験でも、もっぱら個人の責任が問われるような医者や研究者の行為でもないことを強調した。判事団の全員一致した意見は、犯罪の巨大な規模が「全体戦争を遂行するための、指導的な政府・軍・ナチ党の強制的同質化政策の帰結」であったというのである。

計一五の被告人が有罪判決を下され、そのうちブラントを含む七人が絞首刑、五人が終身刑、三人——そのなかにはかつてのラーヴェンスブリュック［主に女性を収容していた強制収容所］の医師ヘルタ・オーバーホイザーもいる——が一五年から二〇年の自由刑となった。また、一人の被告人が、親衛隊への所属というだけで一〇年の収監を宣告されている。一方、七人の被告人が無罪判決となったが、ひとつの事例は起訴の不備のためであり、三つの事例は証拠不足で「疑わしきは被告人の利益に」の原則に従うものであった。

人体実験は他国でも軍事目的で一般におこなわれているではないかという弁護側の抗弁に対して、判事団は道徳的・倫理的・司法的な基本原則を一〇項目にまとめた。この「ニュルンベルク・コード」として認められることになる行動基準は、とりわけ、被験者の自発的な同意、その実験以外に選択肢のないこと、実験の学問的な監視とコントロール、そして最も重要な点として、被験者にとってあらゆる危険要因を排除することを求めていた。[2]

米検察団はこの起訴によって「第三帝国」の医療エリートに対する見せしめ的な決着を期待していた。だが、「医師裁判」は西側占領地区のドイツ人医師たちには反響を呼ばなかった。

K・ブラント　ヒトラーの随行医．判決は絞首刑

医師会が裁判視察のために派遣したミッチャーリヒ委員会は一九四七年に『人間侮蔑の強制（*Das Diktat der Menschenverachtung*）』というタイトルで中間報告書を刊行しようとしたが、『ドイツ医学週報（*Deutsche Medizinische Wochenschrift*）』の編集部はその印刷を拒否した。ベルリン大学附属病院シャリテの外科学正教授フェルディナント・ザウアーブルッフやゲッティンゲンの内科医フリードリヒ・ヘルマン・ラインのような権威たちは、ミッチャーリヒを「売国奴」と誹謗し、一九七三年の時点でもドイツ内科医学会は彼の招待を取り消した。

ミッチャーリヒが一九四九年に出版した最終報告書『人間性なき学問（*Wissenschaft ohne Menschlichkeit*）』は、罪に対する抵抗感や抑圧から、専門誌に取り上げられることなく「ブラックホール」のなかに消えていった。

一方、ミッチャーリヒの研究仲間フレート・ミールケは、気持ちを乱すような具体的な裁判の結果を、抽象的で統計的な値で解釈変更してみせる。一九四八年に彼がシュトゥットガルトの医学学会で、この「第1号事件」の結果を報告したとき、医療犯罪に直接関与した者の数は「ごくわずか」だと説明したのである。たしかな根拠なしに作成されたミールケの概算によると、約九万人のドイツ人医師のうち、三〇〇〜四〇〇人だけが有罪であるということだった。

すでに一九四八年には占領下で復帰していた多くの西ドイツの医師たちにとって、三五〇人という恣意的な「黒い羊［異端者］」の数（それ以来、この数は医療専門誌に現れては消えた）は、自分たちのナチの過去と「医療殺人」（ロバート・J・リフトン[3]）の実践との対峙から逃れるには、好都合な結果であった。それゆえ、理解ある司法に支えられ、限りなく有罪に近い医師たちですら、一九七〇年代から八〇年代にかけて西ドイツ内で開業を認められている。

継続裁判「第1号事件」判決は、「第三帝国」における医師の行動の潔白を保証するものとして利用されたのである。

第3号事件――法律家裁判

医師と同様、ドイツの法律家たちの大部分もナチ体制に奉仕していた。ナチの度を超えた暴力に対して当初は多くの者が懐疑的ではあったが、彼らの多くは、国民保守派の国法学者カール・シュミットによる、自由主義的法治国家の「粗暴で無思慮な個人主義」に対する留保を基本的に共有していた。

一九三五年に「全国法律家指導者」ハンス・フランクが編集した『国民社会主義法令ハンドブック』に寄せた論説のなかでシュミットは、「法なくして刑罰なし」の原則が、一九三三年までの自由主義的なドイツ刑法典が「犯罪者のマグナ・カルタ」に堕《だ》するという事態を招いたと述べている。[4]

一九三三年以降、司法省の庇護のもと、すべての司法部門は、民主主義的な法構造を解体すること、司法をナチによる抑圧とテロの道具に改造することに従事した。この自発的な強制的同質化を最も明瞭に表現するのは、文民法廷で一万七〇〇〇件、軍事法廷で五万件、それぞれ下された死刑判決であり、それらは、しばしば法の拡大解釈によって、反体制者、ユダヤ人、「反社会的分子」、脱走兵、占領地域の住民らに対して下されたものである。一九四五年以後、こうした不快な事実を直視しようとした法曹の代表者はごくわずかであった。一九四七年一月四日に首席検察官ティラーが「第三帝国」の裁判官、検察官、高級官吏一六人に対する起訴状を提出したとき、法律家たちの憤慨は大きかった。

司法全体がナチの抑圧・絶滅機構だったか

この「合衆国 vs.ヨーゼフ・アルトシュテッター［司法省の高官］と同志たち」裁判で検察側にとって重要だったのは、個々の犯罪の解明というよりは、司法が全体としてナチの抑圧・絶滅機構の一部となっていたことの立証であった。

告発の文面は、ドイツの法律家——とりわけ刑事司法の法律家たち——は、法・正義(Recht)ではなく不法・不正(Unrecht)を執行していたという厳しいものだった。

検察側の意向による裁判の見せしめ的な性格は、被告人の選出にも表れている。医師裁判と同様、この「第3号事件」の被告人も、比較的恣意的に寄せ集められた集団であり、司法省で高位を占めていた人びとか、特別裁判所や民族裁判所［一九三四年に設置された、政治犯などを扱うナチ政権下の特別法廷］の構成員であった。

主要被告人フランツ・シュレーゲルベルガーは、かつての司法省次官であり、一九四一年のフランツ・ギュルトナーの死後、暫定的に司法相も務めた人物である。彼は、その教養市民層的な出自や堅実な学歴にもかかわらず、政治的な敵対者や「民族的異分子」を法から排除することに関与した法律家の典型例であった。

「第3号事件」担当の主要検察官チャールズ・M・ラフォレットは被告人に対して以下の罪で起訴した。戦争犯罪および人道に対する罪の遂行への共同謀議、戦争犯罪、人道に対する罪、犯罪的な団体への所属である。

医師裁判と同様に、法律家に対する起訴も、一九三九年以前に迫害の犠牲者となったドイツ国民への犯罪行為を明示的に含んでいた。そのため、起訴状の核心となったのは、典型的なナチの不法な法・政令についての入念なリストであった。とりわけ重視されたのは、一九三三年の断種法、三五年のいわゆる人種法、三八年の戦時特別刑法に関する指令、四一年のポーランド人刑法指令〔東部編入地域のポーランド人とユダヤ人に対する刑事司法に関する指令〕、そして同年のいわゆる「夜と霧」命令などのような、悪名高い規定であった。

さらには、シュレーゲルベルガーが招集した一九四一年四月二三、二四日のベルリン法曹大会も「第3号事件」の対象となった。この大会では、出席していた上級地方裁判所長官と主席検察官たちが、「T４作戦」の指揮者ブラックから「安楽死殺人」の経過について報告を受け、住民からの犯罪の告発をそのまま司法省に取り次ぐことが合意されたからである。

哀れを誘う言葉への厳しい判決

一九四七年三月五日、キャリントン・T・マーシャル判事が公判の開始を告げた。首席検察官テイラーは、感銘的な冒頭陳述のなかで次のように述べている。被告人たちは「人間を迫害・奴隷化・根絶するために、法形式という空虚な覆い」を利用した。それゆえ、法律家たちは「法服のなかに短剣を」携行していたのだ、と。

弁護団は、この異例で特殊な裁判の性格を考慮し、計一四五二の証拠文書と宣誓供述書の山を法廷に高く積み上げた（検察側は六四一の文書）。また、弁護団が熱心に主張したのが、KRG一〇号の適用は遡及的な処罰の禁止に抵触するのではないかという点であった。

さらに、多少の差はあれすべての弁護人が、被告人たちは「第三帝国」において「ヒトラーやヒムラーに率いられた法を無視した諸勢力」に対して法や正義の理念を護ろうとしたのであり、「より悪い事態を防ごうと」その地位にとどまったという議論を展開した。

法廷ではシュレーゲルベルガーの、ナチ国家における司法の役割を「つねに波にさらされている孤島」と語った言葉が哀れを誘った。こうした異様な表現で史実を歪曲することに被告人たちがためらわなかったのは、おそらく、一九四七年六月、西側占領区のドイツ人法律家が集まったコンスタンツ法曹大会での大言壮語な連帯意見表明とも関連している。その大会に集った法律家たち（そのほとんどがこの間に要職に復帰していた）はほとんど異口同音に、アメリカによる裁判を、「政敵に復讐すること」だけを目的とした「ドイツ人に対する例外法」と非難していたからである。

こうした法廷への異議をアメリカの判事たちが認識していたかはわからない。認識していた場合は、判決理由に一定の役割を果したかもしれない。いずれにせよ法廷は、検察側の立証を全体として承認しただけでなく、本質的な点ではさらに先鋭化させる。

判決理由には次のようにある。

証拠資料は、司法省へのヒトラーの寵愛を維持するため、そしてヒムラーの警察への完全な服従を防ぐため、シュレーゲルベルガーや他の被告人たちが

F・シュレーゲルベルガー
司法相次官．判決は終身刑

いる。〔…〕国家指導者たちの要求する汚れた仕事に手を染めたことを説得的に明らかにしている。ユダヤ人およびポーランド人住民の絶滅、占領地域の住民に対する弾圧、そして国内の政治的レジスタンスの根絶のための手先として、司法省を利用したのである。法の隠れ蓑のもとでの人種的絶滅という彼らの計画が、警察によるポグロム・拉致・大量殺戮といった形をとらなかったことは、この「法」を生き延びた人びとにとって何の慰めにもならないし、この法廷の前では見え透いた言い逃れにすぎない。

この裁判は「法なくして刑罰なし」の原則――急にきわめて有名になったものだが――に反しているという弁護側の非難に対しても、詳細に説明がなされた。判事団は次のように断固として述べている。

立憲主義国家で知られているような「事後法禁止の原則（Ex-post-facto-Grundsatz）」が、国家間条約や慣行、あるいは国際裁判所の慣習法的判決に適用される、またはそうしたものに続く国際的な承認にも適用されると主張することは、まったくの無意味である。事後法禁止の原則を国際慣習法における裁判判決に適用しようという試みは、国際法をその成り立ちから抹殺することに他ならないからだ。

シュレーゲルベルガーのその後

一九四七年一二月三、四日、判事団は判決を述べた。シュレーゲルベルガーと他の三人の被告人は終身刑を宣告された。六人の被告人が五年から一〇年の自由刑、四人が無罪となった。なお、一名が自殺により判決を免れ、もう一名が病気により訴追から外されている。

だが、終身刑を宣告された者も含め、多くの被告人は数年で刑期を終えた。健康悪化を表向きの理由として一九五一年に保釈されたシュレーゲルベルガーは、その後の一九年の人生を事務次官相当の高額年金生活者としてフレンスブルクで過ごし[5]、コメンタール［注釈］や概説書の出版までしている。

それとは対照的に、「第3号事件」の判決理由は出版されなかった。西ドイツの専門誌は掲載しなかったし、多くの文才ある法学者たちの誰もその内容について意見を述べることはなかった。唯一注釈を一九四七年に出版したのは、ヴァイマル共和国時代の司法相グスタフ・ラートブルフであった[6]。その後、この論争的な判決は、ほぼ四〇年間、西ドイツの大学法学部の禁書棚のなかに消えていたのである。

親衛隊員、警察官への裁判

ナチの権力掌握時点では、ハインリヒ・ヒムラーを長とするまだ小さなエリート組織だった親衛隊（SS）は、数年のあいだにナチ体制内で強い影響力を持つ権力機構に成長した。第二次世界大戦期には「親衛隊全国指導者兼ドイツ警察長官」の管轄下にある機関は、親衛隊諸本部［親衛隊は最終的に一二の「本部（Hauptamt）」を持った］や軍事上のさまざまな司令局や中央警察機構から成る、多くの部門に細分化された一大帝国にまで膨張した。ナチの征服作戦行動がヨーロッパで展開されるにつれ、ヒムラーの機構はドイツの勢力圏内の全地域に政治的な「敵との闘争」や人種主義的な民族政策を拡大させていく。

「親衛隊国家」（オイゲン・コーゴン）[7]の二大支柱は、一九四二年六月に暗殺されるまでラインハルト・ハイドリヒが長官を務めていた国家保安本部（RSHA／Reichssicherheitshauptamt）と、オズヴァルト・ポールを長官として一九四二年に設立された経済管理本部（WVHA／Wirtschafts- und Verwaltungshauptamt）であった。

国家保安本部――ゲスターポ、刑事警察、親衛隊保安部が一九三九年に統合されて成立――は占領地域における住民集団の移住・抑留・殺害を担い、「民族の耕地整理」の原理を体現する存在であった。他方で、経済管理本部は、無数の強制収容所（KZ）や強制労働収容所の被収容者からの経済的搾取（「労働による絶滅」）を担当していた。

この二つの組織および個々の親衛隊本部で高位にあった五六人の代表者に対し、戦争犯罪首席検察官局は三つの裁判を導入した。第一は経済管理本部のメンバーに対するものであり（第4号事件）、第二は親衛隊人種・植民本部［RuSHA］に関連し（第8号事件）、第三は治安警察（Sipo）と保安部（SD）の行動部隊《アインザッツグルッペン》指揮官に対するものとなった（第9号事件）。

第4号事件——ポール裁判

オズヴァルト・ポールと経済管理本部指導者一七人に対する訴訟は、一九四七年四月八日、軍事法廷Ⅲで開始された。他の裁判と同様、起訴状は四つの訴因から構成されているが、検察側の追及罪科は主に二つあった。

第一に、ヨーロッパ・ユダヤ人の大量殺戮に関するものである。ここでの中心は、アウシュヴィッツ収容所複合体《コンプレクス》の拡大や、ゲットー撤去およびユダヤ人財産利用に関して、ポールの個人的な責任を明らかにした一連の文書である。

第二は、親衛隊が所有する鉱山や工場における強制労働、軍需企業への徴用による強制収容所の被収容者殺害に関するものである。

訴訟戦略的な観点から言えば、この二つを重視したことは若干問題を孕んでいた。なぜなら、ポール以外で経済管理本部の部局集団D（もともと強制収容所の監督を担当する部局）に所属していた共同被告人はカール・ゾンマーとヘルマン・ポークの二人だけであり、他のすべての被告人は別の部局の出身だったからである。むろん有罪でないわけではないが、後者の被告人たちには先述した非難は限定的にしか該当しなかった。

裁判では、圧倒的な量の証拠資料にもかかわらず、ポールは奴隷労働の利用とジェノサイドへの関与について、刑法的な責任を断固として否認した。ポールの弁護士であり、のちにバイエルン州内相となるアルフレート・ザイドルは、逆に自分の依頼人が、強制労働者の扱いについて他の場所よりも人道的であろうとつねに尽力していたと、法廷に納得させようとした。ザイドルの理解では、ポールは「自分の任務の賢明な解釈と自発的な拡張により、抑留者たちの生活条件を改善させる」ための努力や苦労をいとわなかったという。

弁護側の戦略は、戦中に存在した国家保安本部と経済管理本部とのあいだの利害対立を利用したものだった。すなわち即時の「ユダヤ人の物理的除去」か、それとも戦時経済のなかの中期的な「労働による絶滅」かという対立を、ポールにとって有利になるように解釈したのである。

しかし、検察側はそうした主張を、ポールの管轄下で死者数が猛烈に跳ね上がったことを示す証拠文書によって反駁《はんばく》する。さらに、一九四二年四月三〇日の経済管理本部から強制収容所所長への通達には、労働力の使用は「言葉の真の意味で消耗的な」ものでなければならないと記されていた。

一九四七年一一月三日、法廷は、ポール、ゾンマー、および二人の被告人に死刑を宣告し、一一人の被告人に一〇年から終身の自由刑を宣告し、残りの三人の親衛隊員は無罪となった。判決理由のなかで判事団は、強制労働が、身体に及ぼす結果を問わず、無条件で犯罪的な性格を持つことを強調した。だが、「望んだ奴隷的地位」など存在しないという表現は、アメリカの法律家たちが、ナチの強制労働システムの目的も結果もまだ過小評価していたことをうかがわせる。ヒムラーの考えでは、それは労働による「自然減少」をねらったもの以外のなにものでもなかったからである。おそらくこの点は、のちにアメリカの高等弁務官が多くの死刑判決を変更して

O・ポール　親衛隊経済管理本部長官．判決に絞首刑

減刑したり、刑期前に釈放したりした理由のひとつでもあった。

しかし、西ドイツ側の干渉があったにもかかわらず、ポールと六人の共同被告人は、一九五一年六月にランツベルク・アム・レヒのアメリカ第一戦犯刑務所で絞首刑に処せられた。

第8号事件――RuSHA裁判

かつての親衛隊大将（SS上級集団指導者）ウルリヒ・グライフェルトと一三人の親衛隊組織高官に対する親衛隊人種・植民本部（RuSHA）裁判（第8号事件）は、首席検察官テイラーが述べるところによると、法律学的にはあまり重要でないケースに属する。だが、歴史学的な観点からは、東部占領地域におけるナチの民族政策の「宝庫」である。

起訴されたのは、グライフェルトの他に、彼を長官とする「ドイツ民族性強化全権委員（RKFDV）」本部の多くの高官、「民族ドイツ人中央機関（Volksdeutsche Mittelstelle）」と「生命の泉（Lebensborn e.V.）」協会［「人種的に価値の高い」子どもを未婚の母からも調達するための母子養護施設］のメンバーであった。

審理は一九四七年一〇月二〇日から四八年三月一〇日まで軍事法廷Ⅰでおこなわれたが、その中心は、ポーランドの総督府と併合地域における虐殺政策だった。起訴の対象は、「人種的に価値の高い」ポーランド人孤児の拉致、「東部女性労働者」の妊娠中絶、そしていわゆる民族リストに基づいておこなわれた、ドイツ化能力のない「異民族」の住民移動のような、「ドイツ化」に関連した強制措置であった。

ドイツ民族性強化全権委員計画局（部局Ⅳ）が起草し、ベルリン大学の農学者で親衛隊大将のコンラート・マイヤー＝ヘートリングが一九四二年六月にヒムラーに提出した「東部総合計画」も、検察側は証拠として提示した。この計画ほど、人種イデオロギーと経済的目標を結びつけた、東部におけるナチの「ゲルマン化政策」のラディカルさと絶滅までの準備を明らかにした文書はない。すでにおこなわれていた追放・絶滅措置を背景に、マイヤー＝ヘートリングは、総計三〇〇〇万人の抑留、奴隷化、殺害までも目論んでいた。

以上の点が非難されたことを考えると、人種・植民本部に対して下された刑罰は、明らかに寛大なものだった。グライフェルトは終身刑、七人の共同被告人は一〇年から二〇年の自由刑ですんだからだ。なお、「親衛隊知識人」マイヤー＝ヘートリングも含む五人の被告人は、親衛隊への所属という訴因のみで有罪とされた。

この審理で唯一の女性被告人で、「生命の泉」協会副会長だったインゲ・フィアメッツは、すべての訴因について無罪となった［残る五人は一〇年未満の自由刑］。また、ほとんどすべての被告人たちが、一九五〇年代には自由の身となる。さらに確定判決であったにもかかわらず、マイヤー＝ヘートリング［刑期二年一〇ヵ月］は一九五六年にハノーファー工科大学［当時］で土地計画の教授職を手に入れることになる。

第9号事件——行動部隊裁判

「第9号事件」は、治安警察（Sipo）と保安部（SD）の行動部隊《アインザッツグルッペン》の活動に関わるものである。彼らは、一九四一年六月のソ連侵攻から数ヵ月で、バルト諸国やソ連のユダヤ人を中心に約五〇万人の民間人を射殺していた。この裁判は、首席検察官テイラーの仲間であり、当時まだ二七歳の検察官ベンジャミン・B・フェレンツが、思いがけず行動部隊の事件報告書に出くわしたことから実現した。

のちにフェレンツはこう伝えている。

わたしが関わることになる行動部隊裁判は、［次の出来事がきっかけとなった。］捜査員の一人がわたしのところに来て、爆撃で破壊されたゲスターポ司令部を捜索していたところ、焼けた地下壕から三つ四つのライツ社のファイルを［…］見つけたと。［…］それは、行動部隊もしくは行動隊《アインザッツトルッペン》の指揮官がベルリンへ送付した報告書であり、アイヒマンのオフィスに集められ、分析され、――通例一〇〇部――複写されたものだった。その後、外務省や財務省や他の省庁に送付されるのだ。これらの報告書は、侵攻されたあちこちの無名の土地で何が起こったかについて詳述するものであった。たとえば次のようにある。「二四時間以内に二万三一二人のユダヤ人、四五六人のジプシー、二七人の共産党幹部、および一七三人を首尾よく除去した」。

さらに描写は続く。

わたしはリストに目を通し、計算機の助けを借りて足し算を始めた。もしある都市でユダヤ人が「排除された」として、どれほど多くが殺害されたかはわからない場合、わたしはただひとつ「1」とだけ書いた。この数は確実と思われるからである。合算したところ、殺害された人間は一〇〇万人以上となった〔実際の数は五六万人〕。「殺害された」が正しい表現であろう。他の表現では正しく描写できないからである。〔…〕わたしはいたく魅了され、すべてのライツのファイルを受け取り、ベルリンからニュルンベルクへ飛んで、それらをテイラーに見せた。彼はこの証拠文書の重要性を理解したが、すべての裁判がすでに決まってしまい、人員不足のために業務を終わらせるよう圧力がかけられていると言った。それでもわたしは、この案件のために人員を見つけなければなりません、としつこく主張した。自信はあるか、と彼は尋ねた。わたしはありますと答えた。さらに彼は、他の業務に加えてこれをやることができるか、と尋ねた。わたしはイエスと答えた。こうしてわたしは、「史上最大の殺人裁判」と報道で名付けられた裁判の合衆国首席検察官となったのである。

「第9号事件」裁判は、一九四七年九月二九日から四八年四月一〇日まで軍事法廷Ⅱでおこなわれた。親衛隊、ゲスターポ、刑事警察、保安部の高官から成る被告人は、最初は二四人だったが、二三人となり、さらに開廷前に被告人の一人が自殺したので、二二人となった。

彼らは、対ソ作戦行動のあいだ、四つの行動部隊（A、B、C、D）のうちどれかを指揮していたか、その下部の行動隊《アインザッツコマンド》ないし特別行動隊《ゾンダーコマンド》の長の地位にあった人物である。ほとんどが大学教育を受け、その多くは戦前に急進的な「敵の絶滅」の理論的・イデオロギー的な基盤を備えた、法律家や知識人たちだった。ソ連への攻撃は、綱領的な目標を実践に移す機会を彼らに与え、無防備なユダヤ人やシンティ・ロマを殺害するに至ったのである。

オットー・オーレンドルフ――行動部隊Ｄ指揮官

こうしたナチの「世界観エリート」（ミヒャエル・ヴィルト）のプロフィールの典型が、たとえば主要被告人のオットー・オーレンドルフの経歴である。[8]

一九〇七年にハノーファー近郊に生まれたオーレンドルフは、二七年に親衛隊に加入する。一九三〇年代にベルリンの応用経済学研究所の部局長として成功を収め、三六年にはハイドリヒの保安部設立に参加し、三九年に国家保安本部の部局Ⅲ（国内保安）の局長に昇進している。ソ連侵攻後、彼は南ウクライナとカフカスで作戦行動していた行動部隊Ｄを指揮し、この活動により一九四二年七月には親衛隊准将［旅団長］に昇進した。

オーレンドルフは、すでに国際軍事法廷で検察側証人として登場していたという点で、ニュルンベルク裁判全体で重要な役割を果たした。彼は、一九四六年一月三日の被告人カルテンブルンナーに関する審問のなかで、南ウクライナ地域を担当していたフォン・ショーベルト将軍やフォン・マンシュタイン将軍、そして自分自身を不利な立場に置くような発言をしていた。彼の行動部隊が、約九万人のユダヤ人の殺害に責任を負っていると述べたのである。

O・オーレンドルフ　親衛隊行動部隊D指揮官．判決は絞首刑

およそ一五ヵ月後のこの継続裁判では、彼は最初、行動部隊はあらゆる「人種的・政治的に望ましからざる分子」を殺害していたと調書用に供述した。しかし、オーレンドルフは自分の裁判で、弁護人ルードルフ・アッシェンアウアーの勧めにより、これまでのすべての供述を翻しただけでなく、共同被告人たちにも共同戦線を張らせようとする。たとえば、大量処刑は、「国防軍が制約されずに行動できるように」するための軍事的・警察的な保安措置であったと表現するようになったのである。

オーレンドルフは、さらに自分と共同被告人を無罪の方向へ導こうとした。一九四一年六月におこなわれた部隊編成の際に、親衛隊人事局長ブルーノ・シュトレッケンバッハが、行動部隊および行動隊の指揮官に、ソ連占領地域におけるすべてのユダヤ人とその他の住民集団を無差別に殺害すべしというヒトラーの命令を口頭で伝えたと主張したのである。

この「総統のユダヤ人殺害命令」と称するものを盾に取った戦略は、一方では、ソ連に拘留されていたシュトレッケンバッハに責任を押し付けることを目的にしたものであり、他方では、いわゆる誤想緊急避難を主張するものでもあった。より厳密な刑法的意味では、この主張は、被告人たちが違反行為をおこなえば処罰されると思いつつ、犯罪行為をしたことになる。しかしメタレベルでは、この誤想緊急避難の主張は、ソ連への侵攻が「ユダヤ＝ボルシェヴィズムの敵」に対する一種の予防戦争であったという主張とまさに軌を一にしていた。

オーレンドルフが構築した共同戦線からは、親衛隊指導者の共同被告人のなかで一人、国家保安本部で「敵性研究」を担当した部局Ⅶの局長フランツ・アルフレート・ズィクスだけが離脱した。彼は、自分が指揮した「モスクワ先遣隊」（アルトゥーア・ネーベ指揮下の行動部隊B）で、文化財の押収を担当した特別行動隊）は、単に文書資料の収集に取り組んでいただけであると申し立てていたからである。

有力者たちの恩赦尽力

弁護側および被告人による責任逃れやもみ消しの試みは結局のところ失敗する。「第9号事件」は、オーレンドルフを含む一四名に死刑、二名に終身刑、五名に一〇年から二〇年の自由刑が下され〔残り一人は三年の自由刑〕、行動部隊裁判の判決は全裁判のなかで最も厳しいものとなった。

しかし、巧みにつくりあげられた伝説は効果を発揮し続けた。「東方における」犯罪に対する曖昧な認識に影響を与え続け、歴史研究ですらその影響から逃れられなかった。一九九〇年代に入り、ようやくソ連ユダヤ人の殺害を命じたヒトラーの命令など存在せず、一九四一年夏のヒムラーの東部戦線視察に基づき、射殺措置が次第に女性や子どもにも拡張されていったことが明らかとなったからである。

オーレンドルフによって不利な立場に置かれたシュトレッケンバッハは、ソ連から釈放され、のち西ドイツへ移住したが、一九七〇年代にハンブルクの検察によって、ソ連で大量射殺命令を伝達した理由で起訴された。シュトレッケンバッハの弁護人は、継続裁判のときにオーレンドルフの弁護人として「総統のユダヤ人殺害命令」をでっちあげ、シュトレッケンバッハに罪を着せようとしたアッシェンアウアーである。彼は次のような声明を発し、シュトレッケンバッハを窮状から救おうとした。

「現在わたしは、オーレンドルフはニュルンベルク裁判時に、総統命令の伝達に関して不正確なことを述べたと考えております。のちの諸裁判からのわたしの経験に基づきますと、オーレンドルフは当時、自己弁護の論理を築き上げようとしていました。オーレンドルフが他の被告人と供述を統一しようと努力していたことに、わたしは当時すでに気付いておりました。しかし、そのときのわたしは、オーレンドルフを咎《とが》めるには、あまりにそのテーマについて理解不足でした」

オーレンドルフの弁護人アッシェンアウアーがシュトレッケンバッハ裁判で示した「慎み深さ」は、もちろん一九四八年の結審直後には予見不可能であった。

それ以前にオーレンドルフの弁護士としてアッシェンアウアーは、他のニュルンベルクの弁護人とともに、ジョン・J・マックロイ米高等弁務官に対して赦免や減刑を熱心に願い出ていた。初代西独連邦大統領テオドール・ホイス（自由民主党）や政治家カルロ・シュミート［ドイツ社会民主党所属、「基本法の父」の一人］のような顕職にある人たちまでもが「オーレンドルフ・グループ」の恩赦のために尽力した。このことは、過去をめぐる政治のスキャンダルが頻発するドイツ連邦共和国の歴史のなかでも、理解しがたいことのひとつである。

このため、処刑はオーレンドルフと三人のランツベルクの囚人についてだけ一九五一年一月におこなわれ、他のすべての有罪判決を受けた者は、五〇年代に放免された。

ニュルンベルク裁判での判決言い渡しから約一〇年後、西ドイツの司法が行動部隊の司令官に対する捜査を再開したが、治安警察や親衛隊・警察高権指導者という二つの「ジェノサイドの中核集団」（ウルリヒ・ヘルベルト）が検察の照準に入ったのは、一九六〇年代初頭に入ってからであった。

高級将校たちへの裁き

ニュルンベルク継続裁判のうち二つは、二四人の高級将校に関わるものである。ひとつは、南東戦線将官裁判、あるいは人質殺害裁判と呼ばれるものであり（第7号事件）、バルカン半島でおこなわれた戦争犯罪および人道に対する罪を問われた、元帥および将官に対するものである。

もうひとつは、検察側が「国防軍最高司令部（OKW）裁判」という誤解を招く名称をつけてしまったが、三人の国防軍最高司令部将官に加えて、一一人の軍《アルメー》および方面軍《ヘーレスグルッペン》の総司令官に対するものである（第12号事件）。

国防軍の軍人指導層を見せしめ的な裁判で非難しようという考えは、国際軍事法廷におけるテイラーの任命に端を発する。彼は、陸軍参謀本部および国防軍最高司令部への捜査過程で、さらなる訴訟の準備に利用できる多くの新しい証拠資料を見つけ出していた。

たしかに国際軍事法廷は、陸軍参謀本部と国防軍最高司令部を犯罪組織と認定しなかったが、個々の高位軍人への刑事訴追の継続を推奨していた［八一頁参照］。

第7号事件――南東戦線将官裁判

一九四七年七月に始まった南東戦線将官裁判の中心は、占領下のユーゴスラヴィアおよびギリシャにおける人質処刑についてである。この人質の処刑という犯罪複合体《コンプレクス》は、入念な司法的評価を要求するものであった。民間人を人質に取ることは、まだニュルンベルク裁判の時点では戦時国際慣習法で許容された対抗措置に属するものだったが、バルカン半島におけるドイツの作戦行動は、証拠文書に従えば、軍事的報復措置の限界をはるかに超えるものだったからである。

人質の射殺が急増したのは、ソ連進駐後からである。一九四一年九月一六日に国防軍最高司令部長官ヴィルヘルム・カイテルが、ドイツ兵士一人の殺害につき「五〇人から一〇〇人の共産主義者」を見せしめに処刑せよというヒトラーの命令を伝達する。

その後、セルビアに駐留していたオーストリア出身の将軍フランツ・ベーメは、セルビアの共産主義者とユダヤ人たちを予防として強制収容所に移送し、のちに彼らを大量に射殺した。パルチザンとの闘争を口実とした「民族の耕地整理」の追求は、南東欧の他の地域でも実践され、戦争後半期には、戦況悪化の結果として、非ユダヤ人の非戦闘員も多大な被害を被ることになる。

南東欧の戦場におけるドイツ軍部隊に特徴的なのは、「人質殺害政策」が日を追うごとに独自の力学を持つようになったことである。パルチザンとの戦闘で成果が乏しければ乏しいほど、ドイツの占領軍兵士たちはますます粗暴になって、その土地の住民にフラストレーションをぶつけていった。退却時には、パルチザンの脅威の名のもとに、無数の村が破壊し尽くされ、村民全員が抹殺されることもあった。

一九四八年二月一九日、チャールズ・F・ウェナーストラム裁判長が判決を言い渡した。このとき、裁判所は国際法を創出する権限を持たず、既存の法を適用せねばならないという点が強調されたが、同時に、人質殺害行為は戦時国際慣習法のなかの「野蛮な残滓《ざんし》」であると特徴づけられた。これがのちに、捕虜の待遇に関する一九四九年のジュネーヴ条約のなかで、それ以前には対抗措置として許容されていた民間人の人質が否定される契機となった。占領地域におけるドイツ軍の行動は、集団虐殺と軍事上の利害との関係にはあまり注意が払われなかったが、その度を越した特徴ゆえに疑問の余地なく戦争犯罪と位置づけられた。さらに被告人たちは、国際法違反の命令を伝達したことでも有罪と判断された。

一〇人の被告人――起訴されたのは一二名だが、主要被告人のマクシミリアン・フォン・ヴァイクス元帥が病気により免訴となり、ベーメ将軍は審理開始前に自殺した――に対し、法廷は、二名に終身刑、六名に七年から二〇年の自由刑、二名に無罪を宣告した。

この判決に対して、ソ連の報道も、かつてのレジスタンスの闘士たちも、厳しく批判した。判決がパルチザンを戦時国際法の主体として承認せず、法の保護を彼らに与えなかったからである。

第12号事件――国防軍最高司令部（OKW）裁判

他方で、国防軍最高司令部裁判は、二つの起訴理由が重要な問題となった。ひとつは、犯罪的な命令の伝達――とりわけ赤軍の政治委員（コミッサール）すべての即時射殺を命じた、一九四一年のいわゆる「コミッサール命令」――であり、もうひとつは、ソ連およびイタリアの戦時捕虜の大量殺害に関するものであった。さらにユダヤ人殺害への関与も、再びこの裁判で議題となる。

起訴されたのは、ヴィルヘルム・リッター・フォン・レープ元帥、オットー・シュニーヴィント艦隊司令官、フーゴー・シュペルレ航空艦隊総司令官をはじめとする一四人で、国防軍指導層の典型的な代表者としてだった。その際、他のニュルンベルク裁判同様、個人の罪の嫌疑が必要とされた。

検察が「国防軍最高司令部裁判」と名付けたにもかかわらず、この裁判で国防軍最高司令部出身の被告人は三人だけだった。空軍や海軍のような国防軍のなかでは比較的罪が軽い代表者が法廷に立たされたという点で、被告人の選抜はあまり根拠のあるものではなかった。また彼らは、実際の戦争犯罪で起訴されたわけでもない。たとえばシュペルレはスペイン内戦時に「コンドル軍団」の司令官として多くの町村を空爆させているが、これは起訴理由ではなかった。さらに、第二次世界大戦時に民間人に対する残虐行為を何度か厳しく非難した数少ない軍人の一人であるヨハネス・ブラスコヴィッツ上級大将が起訴されたことは理解しがたかった。ブラスコヴィッツは開廷の日である一九四八年二月五日に自殺している。

国防軍最高司令部裁判が継続裁判のなかでも最後のほうだったという事実に照らしてみても「継続裁判は最後のほうになればなるほど判決は軽くなる傾向があった」、一九四八年一〇月二八日に下された刑は著しく厳しいものであった。シュペルレとシュニーヴィントが無罪となる一方、残りの一一人の被告人全員が戦争犯罪および人道に対する罪のために三年から終身の自由刑を下されたからだ。だが検察側には腹立たしいことに、判事団は平和に対する罪の訴因については、「指導的な政治家と同じランクにいたわけではない」として、彼らを無罪とした。

西ドイツでは「高潔な国防軍」という神話が戦後すぐに普及していくが、おそらく、さらに厳しい刑が宣告されていたとしても、事態は変わらなかっただろう。すでに一九五〇年代初頭には、多くの有罪判決者が再び自由の身となる一方で、この第7号、第12号の二つの継続裁判についての細かな知識はすっかり忘れ去られてしまったからだ。

一九五〇年代半ばに西ドイツの連邦軍の首脳部と将校団が新たに組織されたときには、東部作戦行動の立案や実行の経験は、重大な国際法的犯罪に関わったという烙印ではなく、よりよいポストに就くための能力証明となってしまったのである。

企業家、経営者たちへの裁き

すでに述べたように、国際軍事法廷でクルップへの起訴は惨めに失敗し、連合国間の第二の主要戦犯法廷の計画も未完に終わっていた。継続裁判は、「第三帝国」期における指導的なドイツの企業家たちの振る舞いに対して刑法的な責任を問う最後の機会となった。アメリカがドイツのカルテル解体を緩和したことにより、経済界に対する刑事訴訟はむしろ象徴的な機能を帯びていた。それでも首席検察官テイラーにとっては、私企業の共同責任と共犯性を明らかにするという目的を満たすものであった。

まず、ヒトラーの再軍備計画への鉱山業や化学工業の貢献がある。検察側は、これを開戦要因と密接に結びつけていた。また、ナチ党指導部とドイツ経済界エリートの財政的関係の絡み合いも解明すべきものとされた。さらには、産業界が大量の強制労働者の利用と外国資産の略奪にいかなる役割を果たしたかを調査することも目的としていた。

司法面からは、戦時国際法を私企業に適用する初めての試みという点で、この訴訟は重要な意味を持つものであった（第一次世界大戦後にフランスの軍事法廷がザールの企業家ヘルマンとローベルトのレヒリング兄弟に対して下した判決は、手続き上の誤りのため事後的に取り消しを宣告されていた）。

戦争犯罪首席検察官局は、企業を処罰する意図を有する三つの訴訟によって、産業界・金融界の四二人の代表者を起訴した。

第5号事件——フリック裁判

最初の訴訟（第5号事件）は一九四七年四月一九日に軍事法廷Ⅳで始まり、鉄鋼界の大立者フリードリヒ・フリックとそのコンツェルンの五人の仲間に対しておこなわれた。

起訴状は五つの部分から構成されていた。

第一に、占領地域、戦時捕虜、強制収容所被収容者から強制徴用された数万の労働者をフリック・コンツェルンの鉱山や産業施設に動員したことにより、被告人は戦争犯罪をおこなったとした。

第二に、ドイツの軍事的侵略を背景に、欧州各国の工場、とりわけソ連やフランスの工場を不当に私物化したことである。

第三に、被告人たちが戦争勃発前の数年間にユダヤ人企業家の資産を不当に横領したことが、人道に対する罪にあたるとされた。この訴因は、ニュルンベルク裁判が一九三九年以前におこなわれた「アーリア化」を管轄するか否かという問題の「テストケース」でもあった。

第四に、フリックと、彼が全権を委ねていたオットー・シュタインブリンクは、親衛隊への献金および「ヒムラー友の会」への所属によって、ナチの迫害政策を支援したとされた。

第五に、シュタインブリンクが親衛隊員であったこと、そして彼の親衛隊准将への昇進が問題とされた。

クランツビューラー〔国際軍事法廷ではデーニッツの弁護人〕とディクス〔国際軍事法廷ではシャハトの弁護人〕の経験ある二人に率いられた弁護団は、右の訴因に対し、被告人たちは行為者ではなく、「大衆」によって権力を掌握した「瀆神的《とくしん》な」独裁の犠牲者であると主張した。「外国の」労働力を雇うのは気が進まなかったにもかかわらず、軍備・戦時生産省がそれを規則として強いたというのである。それへの拒否は生命の危険を意味するとした。

また、ユダヤ系大企業の買収――たとえばチェコスロヴァキアのペチェク・グループ――も、「アーリア化」ではなく、私心のない、暴力的な解決を未然に防ごうとした、高貴な「移住支援」であったと主張した。

弁護団のこうした主張の背景には、ドイツによる民間人への犯罪と同等に扱われるべき、連合国によるドイツ諸都市への爆撃に対する非難があった。弁護士たちは、「モーゲンソー・ボーイズ」と中傷されていた検察官たちとワシントンの政府官僚の代弁者たちとのあいだに楔《くさび》を打ち込むためにも、「第5号事件」を利用しようとしていたことが推察できる。この時点で後者は――ソ連占領地区（SBZ）でフリックの工場が無補償で接収されたこともあり――本裁判の意味を次第に疑い始めていたからである。

こうした弁護側の戦略は成功しなかったわけではない。一九四七年一二月二二日のフリック判決は、一連の訴訟すべてのなかで最も寛大なものとなったからである。判事団は、強制労働者の雇用について「命令遂行を強制された状態」という論理を承認しただけでなく、「第三帝国」で苦しい立場に置かれた企業家層というテーゼまでも弁護側から引き継いだ。

他方で法廷は、戦前の「アーリア化」に関する管轄権を拒否したものの、不法な財産取得に対する非難が有効であることは――これもきわめて限定的なものであったが――認めた。こうしてフリック自身は七年の自由刑で逃れ、彼の二人の仲間は二年半と五年の自由刑を下された［三人は無罪］。

この判決は、首席検察官テイラーとそのチームにとっては挫折だったが、それでも進行中の審理における戦略を変化させるものとはならなかった。

第6号事件――ＩＧファルベン裁判

経済界に対する刑事訴訟で最も大規模かつ最も複雑なものとなったのは、ＩＧファルベン（IG Farben / Interessen-Gemeinschaft Farbenindustrie AG の略称）の役員やコンツェルン経営者二四人に対する第６号事件である。かつてのモーゲンソーの協力者ジョシア・Ｍ・デュボアが「副首席検察官として」主導したこの裁判は、一九三〇年代半ば以降、戦争に重要な合成物質の生産で中心的な役割を果たし、ドイツ最大の私企業かつヨーロッパ最大の化学企業のひとつに発展した企業の幹部に対してのものだった。

IGファルベンは、典型的なナチ体制における企業体であり、企業と軍需経済とナチ国家が相互に共生的に融合していた。一九四一年初頭に新しい合成ゴム工場を建設する場所を決めねばならなかったとき、IGファルベンの経営陣は、ナチ指導部に、併合した東部オーバーシュレージエンにおける「ゲルマン化政策」と、強制労働者の活用の強化を結び付ける可能性を指摘している。

こうしたイニシアティブにより、最大の強制・絶滅収容所となるアウシュヴィッツ収容所の拡充に際して、産業界と親衛隊の密接な協力関係が築かれていく。さらにIGファルベンは、アウシュヴィッツ近郊のモノヴィッツ収容所を運営し、強制労働収容所を運営する最初の企業となったのである。そこでは戦時中に二万五〇〇〇人以上が死に至った。

一九四七年八月一四日に軍事法廷Ⅳで開かれた、この幹部に対する訴訟（第6号事件）で、検察団は侵略戦争への共同謀議を立証することに重きを置いた。だがこれは、きわめて限定的にしか成功しなかった。IGファルベンの指導者たちがヒトラーの権力掌握以前から独裁制の樹立を待ち望んでいたというような主張が、訴訟の枠組みをはるかに超えていたからである。

判事の一人であるルイジアナ大学法学部のポール・M・ヘバートは、検察団の論証に理解を示していたものの、国際軍事法廷でヤルマル・シャハトとアルベルト・シュペーアがこの訴因で無罪となった先例を無視して、本裁判の被告人である経営者たちを侵略戦争の準備で有罪とすることは拒否した。

戦争犯罪首席検察官局が共同謀議の構成要件を過度に強調したことは――のちに歴史家ブロクサムによって「法理の専制」と批判されたが――この特殊な訴因の拒否につながっただけでなく、審理のあいだIGファルベン経営者の実際の犯罪行為から目をそらしてしまう結果も招いた。

法廷はモノヴィッツ収容所の問題にも取り組んだが、判事団は、被告人たちが「命令遂行を強制された状態」にあったと信じる傾向にあった。それゆえ強制労働について有罪判決を受けたのは三人だけであった。ただしこの件では、ヘバート判事が、「すべての組織」が「強制労働者の利用に関して、第三帝国との協働の精神に満ち満ちている」と論じた別個意見を表明している。他方で、IGファルベンが戦時中にポーランドや他の占領国でおこなった略奪行為に関してだけは、処罰が可能であると判事団の意見が一致した。

一九四八年七月三〇日、カーティス・グローヴァー・シェイクを裁判長とする法廷は、監査役会会長カール・クラオホや収容所被収容者の動員を管轄していたオットー・アンブロスをはじめとする一三人の被告人に対して、略奪や強制労働のために一年半から八年の自由刑を下した。とはいえ、一九五〇年代初頭には有罪判決を受けたすべての者が再び自由の身となり、専門家として経済界に請われるようになる（たとえばアンブロスはフリックに企業顧問として雇われている）。

無傷で逃れたのは、IGファルベンの監査役会メンバーだったドイツ銀行のヘルマン・ヨーゼフ・アプスである。彼は、一九四六年四月にアメリカの圧力のもと一時的にイギリスによって拘留されたが、三ヵ月後には釈放され、イギリス銀行管理委員会のドイツ銀行家諮問会議の指揮を担っていた。

第10号事件――クルップ裁判

エッセンの企業家アルフリート・クルップ・フォン・ボーレン・ウント・ハルバッハらに対する訴訟（第10号事件）は、米軍政府にとっても戦争犯罪首席検察官局にとっても特別な意味を持っていた。第一に、一九四五年四月一一日に第一三一歩兵連隊がヴィラ・ヒューゲルでクルップ・ジュニアを逮捕したことが、アメリカ人にとって戦中から終戦への移行の象徴であったからである。第二に、クルップ王朝は、ドイツ史の流れのなかに位置付けられ、プロイセンの軍国主義とコンツェルンの強大な経済力との不吉な共生を体現した存在だと考えられていた。

米検察団は、このクルップの神話的な評判のため、国際軍事法廷閉廷前から本裁判の準備を進めることとなった。グスタフ・クルップが健康上の理由からもはや審理に耐えられないことが確定したのち、アメリカは、その息子の引き渡しをイギリスに要請し、一九四七年五月からアルフリートおよび一一人の幹部に対して独自の裁判を用意する。

しかし、アメリカ国内で終戦後ますます反共産主義の声が高まると、多くの国会議員が、米占領地域でおこなわれている「共産主義的な見せしめ公開裁判」（ウィリアム・ランガー［ノースダコタ州出身、共和党所属の米国上院議員］）に抗議する機会として、クルップ裁判を利用した。ミシシッピ州出身下院議員で共和党員のジョン・ランキンは、「戦争終結から二年半後、アメリカの名のもとに、ドイツの兵士たちを絞首刑にしただけでなく、ドイツの実業家たちにも有罪判決を下す」「人種的マイノリティによる訴追過剰」という極端な表現まで口にしていた。

一九四七年春、アメリカの軍需産業内でも企業家裁判への不満の声が強まるなか、陸軍省はテイラー首席検察官に、共同謀議のような政治的に厄介な訴因はあきらめ、その代わりに戦争犯罪や人道に対する罪の構成要件に集中することを勧めている。

クルップとその仲間たちに対する裁判は、H・C・アンダーソン判事を裁判長として、一九四七年一二月一七日に軍事法廷Ⅲで始まった。起訴状は、平和に対する罪と、侵略戦争の共同謀議、戦争犯罪、人道に対する罪を含んでいた。さらに、被告人たちは、略奪や強制労働計画への関与の責任も問われた。

しかし、すでに結審の約四ヵ月前にあたる一九四八年四月五日、法廷は弁護側の申し立てを聞き入れ、平和に対する罪および共同謀議の訴因に関しては全被告人を無罪と明言していた。これはテイラーの起訴戦略に対する情け容赦のない回答であったが、ジャーナリストのフリートヘルム・クレールによると、三つの原因があった。

第一に、「ジャクソン・ミッション」と呼ばれた「世界平和に対する共同謀議」という論理は、国際軍事法廷における主要戦争犯罪人への有罪判決以来、役割を終えたとされていた。

第二に、テイラーと彼のチームは、父グスタフを想定した起訴を、息子アルフリート・クルップらに向けるという過ちを犯した。アルフリートは一九四三年末に「クルップ法（Lex Krupp）」[9]により会社を引き継いだのである。そして最後に、国際政治情勢の変化が被告人たちの有利に働いた。

クルップ裁判における起訴の枠組みは、部分的な無罪判決によって破壊されたが、この決定は全員一致のものではなかった。というのも、少なくとも判事団のうち一人は、証拠資料からは、その場にいないグスタフ・クルップの責任が突出しており、それゆえすべての被告人たちは自動的に無罪となるとの見解を持っていたからである。

こうした事実から見れば、一九四八年七月三一日にクルップと一一人の共同被告人に対して下された判決は、驚くほど厳しいものとなった。主要被告人であるアルフリート・クルップを含む六人の被告人は、いわば共同責任により、とりわけフランスとオランダにおける外国資産の略奪に関与したとして有罪となった。さらに判事団は、カール・ピルシュを除くすべての被告人に、強制労働計画への関与について有罪判決を下した。

弁護団は、経営陣が、ナチ指導部によって定められた生産割り当てを満たすためだけに、また強制収容所入りを逃れるためだけに、数万の「東方労働者」、強制収容所の被収容者、戦時捕虜を徴発したと主張していた。しかしそうした立論は、信憑性に乏しい自己弁護として退けられた。

ただし、この裁判の判事たちは、それまでのニュルンベルク裁判の判事たちよりもはっきりと、絶滅政策と強制収容所の被収容者の動員とのあいだの密接な関連も指摘していた。とりわけ印象的に述べられたのは、アウシュヴィッツ近隣の工場についてである。「数百万の囚人が強制収容所にすし詰めにされ、そして工場や鉱山で、あるいは性急にガス室で、死に追いやられた」と。

アルフリート・クルップは一二年、共同被告人たちは二年から一〇年の自由刑を下された。加えて、アルフリート・クルップの全財産が没収となった。それでも、米高等弁務官マックロイによる恩赦決定［一七四—一七六頁参照］に基づき、クルップらは一九五一年には自由の身となり、財産没収も帳消しにされている。

なお、アルフリート・クルップが一九六七年に死んだとき、彼の全財産は公益財団「アルフリート・クルップ・フォン・ボーレン・ウント・ハルバッハ財団」に移管され、それ以来、この財団は「公共の利益に義務を負ってきたクルップ家の伝統の表現」として、とりわけ学問の育成に従事している。[10]

第2号事件――ミルヒ裁判

空軍元帥エアハルト・ミルヒに対する訴訟（第2号事件）は、軍事法廷Ⅱで一九四七年一月二日から四月一六、一七日の数ヵ月のうちにおこなわれ、一二の継続裁判のなかで最も小さく最も短いものとなった。

ヘルマン・ゲーリングの航空省の次官を務めていたミルヒは、戦争犯罪および人道に対する罪のために起訴され、強制収容所の収容者・外国人労働者・戦時捕虜の労働動員と、ダッハウ強制収容所でおこなわれた、囚人をぼろ屑のように「使い捨てる」空軍用の人体実験の責任を問われた。

法廷は強制労働計画を理由に彼に終身刑を下したが、一九五一年にマックロイが一五年に減刑し、結局その後ミルヒは一九五四年に自由の身となっている。

第11号事件――閣僚・政府高官への裁き

一連のニュルンベルク裁判における最後の訴訟（第11号事件）は、いくつかの点でこれまでの枠を外れたものであった。

それは、審理に一六九日かかった最長の裁判だったこと、また、関係した文書の量が、先行する全訴訟をはるかに凌駕するものであったことである。起訴状が提出された一九四七年一一月一五日から、四九年四月一四日の判決言い渡しまで、検察団と弁護団は合わせて約九〇〇〇の文書を提示したが、これらは翻訳され、読み上げられねばならなかった。

しかし、第11号事件、いわゆる諸官庁裁判が尋常でなかったのは、二一人の被告人の経歴による。ほとんどすべての被告人が、一九四五年以前には、国家における中央官僚制の高位の職、すなわち閣僚、次官、各省庁高級官吏の地位にあったからである。

たとえば、内閣官房（ハンス・ハインリヒ・ラマース）、大統領官房（オットー・レーベレヒト・マイスナー）、食糧・農業省（ヴァルター・ダレー）、財務省（ルッツ・グラーフ・シュヴェリーン・フォン・クロージク）、内務省（ヴィルヘルム・シュトゥッカルト）、国民啓蒙・宣伝省（オットー・ディートリヒ）の代表者たちである。さらに、国家の経済運営を担った代表者である、ライヒスバンク副総裁エミール・プール、四ヵ年計画庁でゲーリングの副官だったパウル・ケルナー、「ヘルマン・ゲーリング工業所」のパウル・プライガー、軍備・戦時生産省の計画部局長ハンス・ケーアルも被告人となった。

しかし、この裁判でより重要だったのは、外務省の次官、次官補、高級官吏のグループが起訴されたことである。

第11号事件の被告人たち　被告人席の前列左端が外務次官だったE・ヴァイツゼッカー．のちに息子の一人はドイツ連邦共和国大統領に

かつてリッベントロップの副官であり、主要被告人となったエルンスト・フォン・ヴァイツゼッカー（一九三八〜四三年、次官）をはじめ、その後継者グスタフ・アードルフ・シュテーングラハト・フォン・モイラント（一九四三〜四五年、次官）、ヴィルヘルム・ケプラー（一九三八〜四五年、特務次官）、エルンスト・ヴィルヘルム・ボーレ（一九三三〜四五年、ナチ党外国組織部長。一九三七〜四五年、次官）、エルンスト・ヴェアマン（一九三八〜四三年、次官補および政治局長）、カール・リッター（一九三九〜四五年、外務省と国防軍最高司令部の連絡員）、オットー・フライヘア・フォン・エールトマンスドルフ（一九三七〜四一年、駐ハンガリー公使）、エトムント・ヴェーゼンマイヤー（一九四一〜四三年、

ユーゴスラヴィアおよびスロヴァキアにおける外務省特別委員。一九四四～四五年、ハンガリーにおけるドイツ全権代表）が被告人となった。

また右のグループとは異なるアウトサイダーとして、親衛隊主管本部長官ゴットロープ・ベルガー、親衛隊准将ヴァルター・シェレンベルク（一九四二～四五年、国家保安本部保安部国外諜報部長）、銀行家カール・ラッシェ（ドレスナー銀行取締役兼広報担当）なども起訴された。

ベルリンのヴィルヘルム街にナチ政府の諸官庁が集中していたため、「ヴィルヘルムシュトラーセ裁判」とも呼ばれたこの訴訟は、ドイツからのユダヤ人亡命者であり、テイラーの腹心であった副首席検察官ロバート・M・W・ケンプナーの創造物と言って間違いはない。

副首席検察官ケンプナー

ケンプナーは、国際軍事法廷ではヴィルヘルム・フリックに対する起訴を指揮し、ドイツの行政機構に対する該博な知識のために、戦争犯罪首席検察官局の設立後、テイラーによって、諸官庁に対する起訴を準備するよう命じられた。

亡命前はプロイセン警察の法律顧問だったケンプナーは、もともと六つの訴訟を計画していたが、突然の予算削減のため〔九六頁参照〕、二つにまで切り詰めねばならなくなった。そのせいで、被告人が恣意的な印象を与える寄せ集めになったことも否めなかった。また、それだけでなく、すでに確保していた悪名高い外務省「ユダヤ人担当課」（DⅢ課ないし国内課Ⅱ）の職員たちを被告人リストから削除し、ドイツ司法に委ねなければならなくなったのである。

他の多くの裁判と同様、起訴状は以下の罪責を被告人たちに問うていた。共同謀議と平和に対する罪、戦争犯罪、戦争勃発前のドイツ国民に向けられた人道に対する罪、戦争勃発後に他国の民間人に向けられた人道に対する罪、占領地域における経済的略奪、強制労働のための抑留、そして犯罪的な組織への所属である。

R・ケンプナー副首席検察官

だが、これも国際軍事法廷や先行するほとんどすべての継続裁判と同様、ウィリアム・C・クリスチャンソンを裁判長とする軍事法廷Ⅵは、戦前の犯罪行為についての管轄権を認めず、審理から「戦争勃発前のドイツ国民に向けられた人道に対する罪」という訴因を除外した。

最古参の高官の協力

外務省および他の省庁の「政治的な」被告人に対する起訴を準備するにあたって、副首席検察官ケンプナーとその作業スタッフは、二つの証拠方法を拠りどころにしていた。

第一は、ドイツ外務省政治文書館（PAAA）の資料である。捜査チームは、これらすべてを自由に利用することができた。最も大きな収穫は、一九四七年春に発見されたヴァンゼー会議の議事録の一部である。これはもともと三〇部の複写があったものである。そこから判明したのは、諸官庁および党の高官である出席者全員が、一一〇〇万人のユダヤ人の移送および殺害を承認していたことである。

第二は、ケンプナーが、起訴状完成の数ヵ月前に、かつてのドイツ外務省法務局長フリードリヒ・ガウスを、「共犯証人」[11]として検察に協力するよう説得に成功したことである。これは検察側にとって快挙だった。

ガウスは、シュトレーゼマン、クルティウス、フォン・ノイラート、フォン・リッベントロップという歴代外相のもとで勤務した、「旧」ヴィルヘルム街の最古参官僚の一人であっただけでなく、重要な政策決定過程の審議のほとんどすべてに参加し、一九三八年から四三年まで外務次官だったフォン・ヴァイツゼッカーの格別の信用を得ていた人物だったからである。

ケンプナーは、きわめて有罪の可能性が高かったガウスを刑事捜査対象から除外した。推測ではあるが、一九四七年三月の尋問の際に、ガウスが「わたしの〔ユダヤ人の〕妻に何をされるか一三年間不安だった」と述べていることもその理由であろう。

ケンプナーの勧めにより、ガウスはテイラー首席検察官に自筆の書簡を書いている。そのなかでガウスは、自分や他の公僕には集団的な道徳的無力の罪があるとするとともに、真相究明の義務を述べている。この書簡は一九四七年三月一七日付の『ノイエ・ツァイトゥング』紙に公表されたが、これは、今日に至るまで、伝統的なドイツの機能エリートの代表者による世間に影響を与えた唯一の罪責告白である。

機能エリート集団が感じた不当な要求

伝統的なドイツの機能エリート集団は、ヴィルヘルムシュトラーセ裁判を、二つの理由から不当な要求と感じていた。

第一に、彼らは国民保守派的で、反共和国的な考えを持っていた外務官僚からなる排他的な社会階級だったが、一九三三年にフォン・ノイラート外相のもと「革命的な」時代への跳躍を驚くほど首尾よく成功させ、ナチ統治のあいだ、自らを国益の管理人として表現していた。

つまり、自分たちには、ヴェルサイユ条約の「恥ずべき命令」の雪辱を果たす使命だけでなく、ナチ党や親衛隊の広範な要求をはねつけるという課題も与えられているとした。新参者と一線を画すことによって、古参は自分たちを「素人芸と専門知のあいだの接点」(エルンスト・フォン・ヴァイツゼッカー)として理解していたのである。

他方で、このエリート主義的な自画像の裏には、ケプラー、ボーレ、ヴェーゼンマイヤーのような典型的なナチの取り巻きと同じ被告人席にいるという「恥辱」があった。しかもこの状況が、プロイセン内務省時代には社会民主党員かつ共和主義者であっただけでなく、「暗黒のとき」にドイツを見限って亡命した男［ケンプナーのこと］のせいであることから、「恥辱」はいっそう強められていた。フォン・ヴァイツゼッカーは、ケンプナーが「外交官という職業の倫理的・道徳的基盤をいまだ理解できていない」と日記に書いている。

第二の理由はいくぶん繊細なものであった。ヴァイツゼッカー周辺のグループは、ドイツ外務省文書に基づいて起訴しようというケンプナーの主張と激しく闘ったからである。ヴァイツゼッカーらの拒絶は、連合国によって「最も重要」とされた史料の押収と解釈がドイツの「歴史の喪失」をもたらし、ナショナル・アイデンティティの破壊に導くという、当時流布していた考え方に立脚したものである。これは後世から見れば奇妙な印象を与えるかもしれないが、当時、被告人と彼らを支持する法律家、政治家、ジャーナリスト、学者たちは、ヴィルヘルムシュトラーセ裁判に提出された証拠文書が、かつての敵国を「国民の閨《けい》房《ぼう》」（アストリート・M・エッケルト）[12]へと導き、「ゲルマニアの終焉」という運命を最終的に固める、というイメージを抱いていたのである。

このように形而上学的に理解された反対意見と、ペシミスティックな歴史喪失への不安をふまえると、フォン・ヴァイツゼッカーを中心とする古参の外務省グループが、審理の途中で、自分たちの愛国的な動機を強調し、検察側の文書解釈能力に疑義を呈するという弁護戦略に転じたのも、理解できるかもしれない。

古参の外務省史料整理員であるヴェルナー・フォン・シュミーデン――一九四五年まで白書の編纂を担当し、政治的・軍事的な敵の評判を落とすために歴史を改竄《かいざん》するような文書刊行をしていた――に文書鑑定を委嘱《いしょく》するという、フォン・ヴァイツゼッカーの弁護士ヘルムート・ベッカーを中心とする弁護団の戦略が果たして巧みな方策であったかどうかは、いまは問うまい（他のすべてのニュルンベルク裁判とは異なり、ヴィルヘルムシュトラーセ裁判では、弁護団はすべての証拠文書に自由にアクセスが許されていた)。

いずれにせよ弁護側は、根本的に重要かつ影響力のある証人たちをかき集めることに成功した。そのなかには、亡命から帰還した国際法学者エーリヒ・カウフマンや、レジスタンスに属していたテオドールとエーリヒのコルト兄弟［どちらもドイツの外交官］がいた。イギリスのチャーチル前首相でさえ、フォン・ヴァイツゼッカーに対する「非ナチ化裁判」は「致命的な誤り」であると、遠くロンドンから意図的に誤解を生むような言葉を寄せていた。

「ユダヤ人問題」へのかつての態度

だが、弁護側のあらゆる努力は実を結ばなかった。それは、フォン・ヴァイツゼッカーの弁護士の専門能力の欠如や、判事たちの理解力の欠如のせいではない(判決言い渡しの後、判事団は被告人に、一回限りの特権として修正申し立ての機会まで容認していた)。

それは、伝統的な外務官僚が、一九四五年「以前」にユダヤ人の運命についてほとんど注意を払わなかったのと同様に(この点で典型的なのは、ヴァンゼー会議の議事録に対するフォン・ヴァイツゼッカーの態度である。彼は端的に次のように述べている。「外交的な観点からは、混血児が東方へ追放されようが、断種されてドイツに放置されようがどうでもよいことであろう」)、一九四五年「以後」、「ユダヤ人問題」を周辺的と考えていた彼らのかつての態度が、裁判の結果に決定的であるなどと想像すらできなかったからである。

それゆえ、自らが署名した行動部隊《アインザッツグルッペン》の「事件報告」や、六〇〇〇人のユダヤ人をフランスからアウシュヴィッツへ「疎開」させるというアイヒマンの照会や、その他同様の文書を突きつけられたとき、フォン・ヴァイツゼッカーの答弁は呆然としたものであった。

「この恐ろしくも悲しいユダヤ人問題では多くのことがわたしの手を経なければなりませんでしたが、わたしは自分にとっては不快だったが、より高次の命令に従ったのであり［…］、基本的にわたしはこの身の毛のよだつような事件においては、単なる郵便配達人に過ぎなかったのです」

しかし、「より悪いこと」を防ごうとしたレジスタンスの中心人物である一人の伝統的エリートが、眼前で恐るべき犯罪が行われているときに、ただの従属的な「郵便配達人」の役割を演じていただけというのは、判事団にとって理解しがたい矛盾に思われた。

判決理由では、外務省におけるレジスタンス勢力を助け、和平交渉を開始するために外務省にとどまったというフォン・ヴァイツゼッカーの弁明は受け入れられ、酌量減軽の対象となった。しかし、殺害者から社会を解放することを望んでいたからといって、殺害行為を是認したり、それに協力してはならないとされた。

「親衛隊が外務省に何か異議はあるかと問うたとき、被告人の義務は、異議を呈することであった。それが、外務省の政治局ないし次官の職分である。この義務は、何も言わない、何もしない、ということでは果たされないのである」

ただしこの表現は、まだ控えめなものである。外務省の協力準備によって、はじめて殺害装置の円滑な作動が可能になったと検察団は非難していたからである。

全員死刑の求刑と全員無罪の主張

この訴訟で、検察団は二一人全員の死刑を要求し、弁護団は全員無罪を主張した。だが、最終的に八〇〇ページ以上にわたる判決は、きわめて細分化され、テイラーの感覚からすれば「寛大すぎる」ものとなった。

重刑が下されたのは、ベルガー（二五年）、ラマース、ヴェーゼンマイヤー（二〇年）、ケルナー、プライガー、ケーアル（一五年）、シュヴェリーン・フォン・クロージク、ケプラー（一〇年）だった。ダレー、ディートリヒ、ラッシェ、フォン・ヴァイツゼッカー、シュテーングラハト、ヴェアマンは七年の自由刑を言い渡されたが、法廷の訂正により、後者三

3-3　ニュルンベルク継続裁判の判決一覧

事件番号	通称	被告人数	死刑判決	終身刑	有期刑	無罪	審理停止	自殺	訴因 人道	訴因 戦争	訴因 組織	訴因 平和
1	医師裁判	23	7	5	4	7			15	15	10	
2	ミルヒ裁判	1		1					1	1		
3	法律家裁判	16		4	6	4	1	1	9	7	3	
4	ポール裁判	18	4	3	8	3			15	15	13	
5	フリック裁判	6			3	3			2	2	2	
6	IGファルベン裁判	24			13	10	1		13	13		
7	南東戦線将官裁判	12		2	6	2	1	1	8	6		
8	親衛隊人種・植民本部裁判	14		1	12	1			8	8	13	
9	行動部隊裁判	24	14	2	6		1	1	20	20	22	
10	クルップ裁判	12			11	1			11	11		
11	ヴィルヘルムシュトラーセ裁判	21			19	2			17	12	12	3
12	国防軍最高司令部裁判	14		2	9	2		1	11	10		
計		185	25	20	97	35	4	4	130	120	75	3

註・以下、訴因について。「人道」＝人道に対する罪、「戦争」＝戦争犯罪、「組織」＝犯罪組織への所属、「平和」＝平和に対する罪

出典・Kim C. Priemel und Alexa Stiller（Hg.）, *NMT. Die Nürnberger Militärtribunale zwischen Geschichte, Gerechtigkeit und Rechtschöpfung*, Hamburg: Hamburger Edition, 2013, S. 760の表をもとに訳者作成

人は五年に減刑された。ボーレ——ニュルンベルク継続裁判で罪責を認めた唯一の被告人——、リッター、シュトゥッカルト、シェレンベルク、プールは三年から六年の自由刑を宣告された。無罪となったのは、フォン・エールトマンスドルフとマイスナーである。

結局、平和に対する罪で有罪とされた被告人は三人だけであり、他のすべての有罪判決は、戦争犯罪および人道に対する罪によるものだった——そこでユダヤ人に対する虐待、略奪、殺害が重要な位置を占めているのは明白である。

この注目すべき裁判で死刑が下されなかったのは——弁護人も被告人も先行する審理との顕著な相違に驚かなかった——、被告人に有利な証言をした証人たちや、判決を集団的な処罰として非難したレオン・W・パワーズ判事の反対意見が影響しているだろう。次章で詳述する西ドイツの恩赦圧力団体は、第11号事件判決を、彼らの活動の拠りどころのひとつとするようになる。

第4章

戦後ドイツへの影響

東西の相違と政治文化の転換

集団的罪責をめぐる批判

一九五〇年秋、米高等弁務官府（HICOG）は、アメリカの世論調査専門家にニュルンベルク戦犯プログラムへの西ドイツ人の反応の調査を委託した。その結果は世論調査専門家たちを驚かせるものとなった。ゲーリングら主要戦争犯罪人に対する最初のニュルンベルク裁判（国際軍事法廷）について、全体的に「フェア」と評価するか否かという設問に対して、全回答者の三八％が「はい」と答える一方、三〇％が「アンフェア」だったと答えたからである。実は国際軍事法廷が閉廷した直後の四年前の同様の調査では、被告人には全体として「フェア」な裁判が保証されたと七八％が答え、逆の考えを持つ人は四～六％に過ぎなかった。

アメリカには気が滅入るようなこうした意見の劇的な変化は、どうして起こったのだろうか。その答えを見つけるのはもちろん容易ではない。これはもしかしたら、ニュルンベルク裁判でドイツ人弁護士が、ヒトラー台頭の説明のために、あるいは東側の「第二の全体主義」に対して警告するために訴えていた、「大衆の唆《そそのか》されやすさ」を如実に示したものなのだろうか。

あるいは一九四四年初夏、アメリカ政府が招集した「戦後ドイツに関する会議」で、エーリヒ・フロム、エリク・エリクソン、マーガレット・ミード、タルコット・パーソンズのような精神科医・心理学者・社会学者たちが、ドイツ人に寛大な処置を与えないよう警告していたのだが、その予測の正しさが実証されたのであろうか。

彼らが戦後ドイツの罪責問題について予言したことは、ドイツ人は侵略した国々での戦争破壊の責任は自分たちにはないとする一方、ドイツ人の苦難を他の民族や集団の責任とするだろうということだった。実はこうした意見から、アメリカは、ドイツ人の心を外から動かして、自分たちの戦争責任や犯罪に関する共同責任に向き合わせることは期待できないと結論付けていた。

一九五〇年秋の調査におけるドイツ人の反応について、政治的・法的・精神的な要因をすべて考慮に入れて評価することは困難である。適切な分析があるとすれば、歴史家ノルベルト・フライが述べた、一九五〇年秋のアメリカの世論調査専門家たちは、無意識に四年前とは違うことを調べているという指摘だろう。

一九四六年のポジティブな評価は、主に党・国家・軍の少数のトップに対する司法的な取り扱いについてだった。だが四年後のネガティブな評価は、連合国の制裁全体に向けられたものだったのである。一九五〇年の段階では、占領初期の抑留も、強制収容所の実態との対面も、ナチ体制の担い手だった者たちの非ナチ化も、占領国による無数の刑事訴訟も、何もかも一緒くたにされ、「勝者の裁き」として批判されたのである。

同時に連合国——なかでもアメリカはとくに容赦がないとされた——は、被告人をドイツ人の「代表」とみなして裁判にかけたとイメージされた。そこでは、個々人の罪責ではなく、全ドイツ人の「集団的罪責」が立証されていると考えられたのである。いわゆる零時（Stunde Null［一九四五年の終戦時のこと］）直後と同様、一九五〇年秋のアンケート結果も、ぼんやりとした共犯感情の産物であった。こうして、実際はあまり主張されていない集団的罪責という非難に対して、すべてのドイツ人の免責が要求されるようになっていたのである。

キリスト教会からの批判

ニュルンベルク裁判に対する認識や評価についてきわめて重要な役割を果たしたのは、もちろんアメリカの法律主義的《リーガリスティック》な戦略が真っ先に「法による再教育」の対象としたグループである。その伝統的なエリートのなかでも、とりわけキリスト教会は、刑事訴訟によって挑戦を受けていると感じていた。それはカトリックもプロテスタントも同様である。

彼らは、在独アメリカ軍政局（ＯＭＧＵＳ）に拘留者の拘留期間緩和を求める一方で、いわゆる戦犯問題については出版物で立場を表明していた。結果として、ドイツ人の罪責と贖罪《しょくざい》をめぐる社会全体の取り組みは、「第三帝国」下における教会特有のジレンマによって、とくに敗戦後も決着がつかなかったナチ体制下における妥協と抵抗をめぐる教会内の対立によって、特徴付けられることになる。

教会でニュルンベルク裁判についてまず発言したのは、ドイツ福音主義教会（ＥＫＤ）である。ドイツ福音主義教会の評議会は、一九四五年一〇月一八、一九日にシュトゥットガルト罪責宣言を発表する。そこでは「［わたしたちは自らを告発します。］もっと勇敢に告白しなかったことを、もっと忠実に祈らなかったことを、もっと喜ばしく信じなかったことを、そしてもっと熱烈に愛さなかったことを」と告白していた。

このシュトゥットガルト罪責宣言は、国際軍事法廷の開廷と時間的に近かったが、具体的な罪や犠牲者を名指しすることは放棄していた。他方で、ナチ支配の原因をドイツ社会の脱キリスト教化と大衆化に帰していた。

こうした解釈は、行為者と追従者のあいだの本質的な違いを曖昧にし、反西欧的な文明批判というプロテスタントの伝統と結びついている点で、問題がないわけではない。このドイツ福音主義教会による罪責告白は、ドイツ人自身のイニシアティブに基づいているというよりは、世界教会協議会の国際代表団がこの宣言をドイツ加盟の前提条件とした事情によるが、そうだとしても、シュトゥットガルト罪責宣言の反西欧的な傾向は、連合国の占領支配の「不当な要求」に対する根本的な批判の可能性を含んでいた。

遅くともアメリカによる一九四六年三月五日の解放法令[2]の布告後には、非ナチ化と刑事訴追に対する教会の批判は熱を帯びるようになる。穏健な教会代表者や神学者たちも、連合国による制裁を非建設的だと批判した。ドイツ人が自発的に反省や良心の探究に向かうことを妨げているというのである。

「受動的抵抗」の呼びかけとアメリカ人からの批判

また、ミュンスターのカトリック教会の司教クレメンス・アウグスト・グラーフ・ガレンのように、ナショナリスティックな考えを持った人たちは、世俗の裁判所がナチの不正を裁く正当性を否定しただけでなく、ドイツ民族全体に対する刑事訴追がおこなわれているとして、それを批判した。

ガレンは集団的罪責テーゼを次のように批判している。

無防備の男たちが殺害され、婦人や少女たちが野獣のような男たちに強姦される〔…〕ことを許すような態度よ〔…〕、失せよ。ドイツの地で飢饉が起きても、なすすべもなく傍観するような態度と心情よ、失せよ。これらは、すべてのドイツ人は犯罪者であり、彼らには最も重い罰がふさわしい、いやそれどころか死や根絶こそがふさわしいといった考えに基づいているのだ！

ガレンのような憤激はカトリックではむしろ例外だったが——彼以外では、とりわけフルダの司教会議議長ヨーゼフ・フリングス枢機卿が戦争犯罪人問題について発言した——、プロテスタントの関与はより広いものであった。

ピークに達したのは一九四八年初頭、かつて強制収容所に収容された経験のあるヴィースバーデンの教会議長マルティン・ニーメラーが、非ナチ化への「受動的抵抗」を牧師たちに呼びかけ、進行中だった国防軍最高司令部（ＯＫＷ）裁判（第12号事件）に関する請願書を、ヴュルテンベルクの地区監督テオフィール・ヴルムの指導のもと、米軍政長官ルシアス・Ｄ・クレイに提出したときである。

捕虜となった将官を断罪するにあたって文民の裁判官が法廷を占拠したことにより、ニュルンベルク裁判は、これまでの国際法の原則に基づくという慣行から遠ざかってしまいました。目的のためにあらかじめ将官から軍の階級を剝奪するという手法は、一九四四年七月二〇日［ヒトラー暗殺未遂事件の日］のアードルフ・ヒトラーによるドイツ人将官に対する処遇と同じではないでしょうか。

他方でアメリカによるニュルンベルク継続裁判をアメリカ人が攻撃するケースもあった。たとえば、いわゆる南東戦線将官裁判（第7号事件）の判決言い渡し後に、担当判事ウェナーストラムが、右派系の『シカゴ・トリビューン』紙のインタビューに応えた下品な批判がある。

ウェナーストラムは、米検察団の計画を「復讐心に燃えている」と表現し、さらに控訴審の欠如について苦言を呈していた。また彼は、ニュルンベルク裁判全体をきわめて「非アメリカ的」とし、ニュルンベルクの検察団には、最近アメリカの市民権を取得したような人びとが多く雇われているとまで述べたのである。ウェナーストラムは、「ヨーロッパへの偏見と憎悪の念にとらわれて」彼らはドイツ人にいかなる権利も認める気はないのだと表現した。

このウェナーストラムの一件は、ドイツ人のニュルンベルク裁判批判者に、サッカーで言う絶好の深い縦パスを送るものだった。不当に有罪判決を下されたドイツの「軍人たち」の名を借りて、ニュルンベルク継続裁判に猛烈な抗議をすることができたからである。同時に、これを機に再び反ユダヤ的な偏見が社交の場で通用するようになっていく。

教会の〝位置〟

法律家裁判（第3号事件）の副首席検察官であり、ヴュルテンベルク＝バーデン州［一九四五年に米占領下で成立し、五二年まで存在した州］の軍政長官を務めていたラフォレットは、国防軍指導者や、時には親衛隊員にまでも肩入れする教会指導者たちの動機を、お上に追従する福音教会の伝統、具体的には数世紀にわたる「王冠と祭壇」の同盟に基づくものと考えた。

ラフォレットは米軍政長官クレイにこう書き送っている。

わたしたちは、ドイツのプロテスタント教会が昔からプロイセンの国教会だったことを忘れるべきではありません。現在、教会が個々人を庇《かば》うために突如として高揚しているのは、この歴史的な結び付きにも起因していることを、しっかりと見極めねばなりません。

統制が強かったとされる西側連合諸国の対ドイツ報道政策が、政党機関紙やラジオ放送局の認可にあたって、より幅広い多様性を尊重していたとしたら、ニュルンベルク裁判の戦犯プログラムをめぐる西ドイツの議論はまったく違った結果となっただろうか。それを現在判断することは難しい。ただ確実に言えることは、ニュルンベルク裁判について公にされた意見の大部分が、最初は関心を高めようという親切な意図によるものであったこと、しかし遅くとも国際軍事法廷閉廷後には、親切な無関心へと変わってしまったことである。

もともとアメリカの占領行政は、さまざまな社会集団・政治陣営・宗派間で討論が行われることを意図していた。だが結果は、占領者と伝統的なドイツ人エリートの代表者たちとのあいだの限定的で不透明な対話になってしまった。ドイツ人側では、次第に法律家、政治家、知識人が戦犯処罰をめぐる議論に介入してきたが、この対話で最も声を上げ続けたのは、ナチを経験しても評判を落としていなかった教会だったのだ。

キリスト教的・神学的な罪責の定義が優勢であったことをよく示しているのは、一九四六年に講演原稿をもとに出版されたカール・ヤスパースの有名なパンフレット『罪責問題』[3]である。この文章も、かなりの程度、教会によって説かれた内省という考え方（外面的な義務はない）に方向付けられていた。

ヤスパースの考えでは、刑法的・政治的・道徳的・形而上的という四つの罪責カテゴリーのうち、ドイツ民族全体には政治的な罪責のみが帰せられる。すなわち、自分たちの国家指導部による犯罪的な行為に対する政治的な責任があるとしたのである。

たしかにこうした議論は、キリスト教的な「原罪レトリック」に基づく犠牲者概念のインフレを克服する最初の一歩だった。だがヤスパースの分析も、伝統的な道徳や法観念の破壊も含めた、広範な犯罪との同一化という根本問題を無視するという結果になってしまった。

西ドイツ、アメリカの「恩赦熱」

ニュルンベルク裁判への教会のあくなき非難によって、ランツベルク・アム・レヒのアメリカ第一戦犯刑務所[4]に収容されている囚人は正義ではなく復讐に基づく「勝者の裁き」の殉教者であるという雰囲気が、社会に醸成されていった。そして、一九四九年に基本法が成立して西ドイツが独立すると、議論は政治的・外交的なレベルに移っていく。

一九四九年七月に着任した米高等弁務官マックロイは、ニュルンベルク継続裁判が判決を下した一〇〇人あまりの自由刑と一五人の死刑に関する執行権限も担うことになっていた。一方、「ダッハウ裁判」〔九〇頁参照〕の刑の執行については、新たに在独米軍の最高司令官となったトーマス・T・ハンディが担当した。

マックロイは、四年前に陸軍長官スティムソンとともに処罰プログラムの道を拓いた人物だが、ドイツ人を西側に結び付けようとするならば、戦犯問題で譲歩する必要があることをよく理解していた。マックロイは国務長官ディーン・アチソンに、西ドイツとの和解に向けた路線を勧めている。「よい政府に対して長いあいだ与えなかったもの」を「誤った政府に性急に譲り渡す」という、アメリカが「ヴァイマル後」に犯した過ちをできるだけ避けるべきであるとしたのである。

これを政治の実践に移すことは、ランツベルクの既決囚を利用することに他ならなかった。一九四九年九月に民主的に選ばれたアデナウアー首相による西ドイツ政府が、アメリカとの緊密な同盟関係を、報復主義者ないし極右勢力から攻め立てられた場合、マックロイは、これを利用してアデナウアーを援護することができたからである。マックロイが独断ですべてのニュルンベルク判決を再考する決断を下したとしても、それは、一九四九年五月におけるソ連によるベルリン封鎖[5]終了後のアメリカの対独政策で、優先順位が変わったことを示すものに他ならなかった。西ドイツの自決権と米独のパートナーシップが、いまや占領、再教育、制裁に取って代わるべきとされたのである。

政治家たちの積極的な恩赦運動

ニュルンベルク裁判のナチ既決囚の恩赦というテーマが、発足したばかりの西ドイツの政治エリートたちにどれだけの価値があったかは、連邦議会成立後すぐに明らかとなる。初代首相に選ばれたアデナウアーは、一九四九年九月二〇日の議会演説で、ランツベルクに収容された囚人たちの恩赦について、近いうちに高等弁務官府と協議することを告げたのである。アデナウアーは根拠をこう述べている。戦争や戦後の混乱は人びとに多大な試練と挑戦をもたらした。それゆえ、多くの「あやまち」を理解しようと努めねばならないと。

ランツベルクに収容された囚人への感情移入では、野党の社会民主党も負けてはいなかった。連邦議会議員ハンス・メルテンは、アデナウアーの和解のレトリックに対して次のように述べている。

「法学の門外漢にとってさえ明らかなのは、これらの裁判が〔…〕正義の執行ではなく、特定の目的のために創られた法による政治裁判だということです。これらの裁判は、政治的な権力と暴力の行使に仕えているのです」。彼の結論はこうである。「わたしたちは、法のもとでのドイツ人に対する差別待遇を絶たねばなりません。報復と復讐の意志に基づく法実践を絶たねばなりません」。

たとえキリスト教民主同盟と社会民主党の二大政党の代表者が、「ヴァイマル共和国」のトラウマを心に深く刻み、それゆえ「ボン共和国」「西ドイツ」に対する民族主義的・ポピュリスト的な非難を先回りして潰そうとしたのだという点を斟酌《しんしゃく》しても、戦争終結からまだ四年で、連合国の処罰活動をほとんど際限なく拒否したことは、西ドイツ以外の国々からは、ナチによる「民族共同体《フォルクスゲマインシャフト》」の残響のように聞こえたに違いない。

西ドイツ国会議員の超党派的な「恩赦連合」の代弁者は、第一次アデナウアー政権（一九四九〜五三年）の連立与党だった自由民主党（FDP）とドイツ党（DP）の議員団であった。議論の音頭をとり、その音量を決めたのも彼らだった。ナショナリスティックな政党だったドイツ党は、すでに基本法公布以前から、連合国による刑執行を念頭に置いて、死刑廃止に奔走していた。

西ドイツ建国後、両政党の代表者は、連合国による全判決の即時修正と全囚人の無差別釈放、すなわち大赦を、繰り返し熱心に要求した。

権利保護中央本部とハンス・ガウリク

漸進的で外交的に差し障りない程度の戦犯恩赦の強力な代弁者の一人は、初代連邦司法相トーマス・デーラー（自由民主党）だった。彼はもともとバンベルクの弁護士で、「第三帝国」期にはレジスタンスに近い立場にあった。デーラーは、ナチ司法の無法を経験していたが、恩赦について、アメリカが西ドイツとのパートナーシップと政治的自決の申し出をどれほど真剣に考えているかを読み取るリトマス試験紙と見なしていた。それゆえ、マックロイによる一九四九年一二月の「クリスマス恩赦」の後も、ランツベルクの囚人問題が政治的議事日程から消えないよう配慮していた。

そのために必要な政府側の作業を、長年にわたる職業経験と「ニュルンベルク体制」に対する闘いを結び付けた一人の人物が担っていたことは、いかがわしさを拭《ぬぐ》いえない。以下で述べるハンス・ガウリクである。

一九五〇年三月、西ドイツ司法省内に権利保護中央本部（Zentrale Rechtsschutzstelle）が設立された。その任務は、連合国によって拘置されている囚人たちの支援、外国でナチとして刑事訴追される恐れがあるドイツ人の保護である。のちに外務省［一九五一年三月に再建］に移管されるこの権利保護中央本部の長が、かつて国際軍事法廷で保安部の弁護人を務めたハンス・ガウリクだった。

ガウリクは官庁での業務に加えて、三ヵ月に一回開催される「ハイデルベルク法律家サークル」の常連として活動していた。このサークルは、一九四九年四月のヴィルヘルムシュトラーセ裁判（第11号事件）の結審直後に設立された、教会指導者、ニュルンベルク裁判の弁護士、エーリヒ・カウフマン、グスタフ・ラートブルフ、カール・ガーラーのような法学者たちからなる、強い影響力を持った圧力団体である。[6]

このグループとともに一九五〇年代初頭には、ノルトライン＝ヴェストファーレン州の自由民主党議員エルンスト・アッヘンバッハ（第6号事件＝IGファルベン裁判の弁護人）や、国家保安本部長官ハイドリヒの副官だったヴェルナー・ベストらが設立したエッセンの「大赦委員会」、そして公女ヘレーネ・エリーザベト・フォン・イーゼンブルクが設立した「戦時捕虜と抑留者のための静かなる支援」が、半公式ないし私的な団体の錯綜したネットワークを形成し、さまざまな方法で有名無名の囚人たちの利害を代弁した。

ジャーナリズムからの批判

建国によって、西ドイツのジャーナリズムにも、一連のニュルンベルク裁判を公に非難するための障害が少なくなっていた。とりわけ外務次官だったフォン・ヴァイツゼッカーへの判決をめぐる議論は、新聞雑誌のレベルではダムが決壊したかのようにおこなわれた。まず、外国紙も含め、すべての政治陣営のオピニオンリーダーが初めて裁判をめぐる議論に参加した。また、議論がユダヤ人亡命者でニュルンベルク裁判の米検察官ロバート・M・W・ケンプナーをめぐって先鋭化し、誹謗中傷にまで至り、リベラルな『ツァイト』紙でさえ、慎み深さを捨てるようになっていた。

ジャーナリストのマリオン・グレーフィン・デーンホフは次のように不満を述べている。

自分の命をつねに危険に晒《さら》しながら、［ウクライナ全権委員エーリヒ・］コッホのような奴らと闘ったヴァイツゼッカーをはじめとする人たちが連合国の法廷で有罪判決を下される一方、東プロイセンの警察・親衛隊最高指導者［オットー・］ヘルヴィヒのような人物が［…］自由に暮らしている事態に、わたしたちはうんざりだ。

『ツァイト』紙編集長リヒャルト・テュンゲルにいたっては、ケンプナーを「精神障害者」や「害悪」とあからさまに中傷し、迅速に「悪行をやめさせ」ねばならないと説いていた。

アメリカによる恩赦委員会の設立

こうしたメディアでの議論を背景に、ランツベルクの囚人をめぐる西ドイツと連合国の交渉も非合理的な性格を帯びてくる。一九五〇年六月に始まった朝鮮戦争を契機に、西ドイツの再軍備問題が同盟政治の喫緊の課題となったとき、米高等弁務官マックロイと西ドイツ首相アデナウアーは、「祖国に奉仕」し「命令に服従した」以外の過ちを犯さなかったとされる戦犯すべてを釈放するという、将来の軍事指導に向けた究極的な要請と対峙せねばならなかった。

釈放すべき者のなかには、シュパンダウに拘置されている「同志たち」[7]も、もちろん含まれると、対ソ戦に参加した経験のあるハンス・シュパイデルとアードルフ・ホイジンガーの両将軍は主張した。マックロイは、こうした議論には、被告人たちが「数百・数千の無力な人たちを意図的に拷問し殺害するという罪を犯したのだ」とつねに警告していたが、米国務省との協議では妥協案を模索していた。

判決破棄は問題外であり、控訴の可能性もありえず、マックロイは、ニューヨーク州最高裁判所控訴部門[8]首席判事デイヴィッド・W・ペックを長とする恩赦委員会を設立する。

恩赦委員会は、侵略戦争も個々の人道に対する罪も、多くの機関が関与した計画の結果であるという、ニュルンベルク裁判の処罰プログラムの根本原理をまず確認した。だが、こうした評価は、「ホワイトカラーの実行者たち」に対する寛大な処置によって、徐々に弱められていく。

ペックは、判決自体には手をつけないよう指示を受けていたにもかかわらず、独断で抜き打ち的に判決を再考する。これは基本的に囚人たちに有利に働いた。恩赦委員会は、三万ページ以上にわたる検察団の証拠方法ではなく、三〇〇〇ページの判決理由しかあたらなかったからである。また、個々の量刑——とりわけ企業家に対する裁判に顕著だったが——の重さも、恩赦委員会が再検討した点だった。

マックロイは恩赦委員会の勧告を受け、一九五〇年八月に、フリック・コンツェルンのフリードリヒ・フリックや食糧・農業相だったヴァルター・ダレーをはじめとする一九人を刑期より早く釈放した。翌年一月三一日にはさらなる恩赦の決定が公示され、一〇の死刑判決が自由刑に減刑された。一九五二年にドイツのロビー団体が西側諸条約[9]の調印を前に再び猛烈に恩赦を要求したことで、さらなる釈放が相次ぐ。だが、それは国民の目から隠すようにおこなわれた。

アメリカと西ドイツ政府の長い交渉のあと、ランツベルクの囚人の最後の四人、すなわち、行動部隊指揮官だったマルティン・ザントベルガー、エルンスト・ビーバーシュタイン、アードルフ・オットーと、強制収容所の連絡指導者オットー・ブリンクマンが、一九五八年五月に自由の身となった。

当然ながらマックロイの有和政策は、西ドイツ外ではあまり理解を得られなかった。とくにドイツの戦犯問題について再び批判的となっていたフランスやイギリスでは、西ドイツの再軍備と西側統合に対する抵抗を強める結果となる。また、かつてのニュルンベルク継続裁判首席検察官テイラーも、マックロイが「国際法の諸原則、そしてわれわれがそのために戦争に向かった諸原理に、深刻な一撃を加えた」と厳しく批判している。

政治文化の転換——同情から非難へ

一九五〇年代末にほとんどすべての囚人が釈放され（シュパンダウの囚人たちは拘置された

ままだったが）、西ドイツにとってのニュルンベルク裁判は終わりを告げた。だが、議会や司法機関は、ニュルンベルク裁判と結びついた政治的・法的・道徳的問題にさらに数十年間取り組まねばならなかった。

建国期には政治家、教会代表者、ジャーナリスト、ロビイストたちが一致団結して死刑の停止、判決の再考と否認、連合国による「異国の正義」の廃止のために闘ったが、大小すべてのナチ犯罪者の大赦に関する基本的合意は、最後の「ランツベルクの囚人」の釈放直前あたりから解消していった。

この政治文化の転換は、批判的なメディアの登場によって、多くのジャーナリストや知識人が、反共的な信条こそが民主主義の能力であるというアデナウアー政府の主張を疑い始めたことによる。有罪だった者の再雇用ないし最高の公的年金の受給申請を可能にした公務員法が批判されるようになっただけではない。ナチ犯罪者への刑事司法の著しい消極性も、この間に道徳的に不快とされるようになったのである。

一九五〇年代後半には、ナチ関連の一連の司法スキャンダルが西ドイツに衝撃を与える。たとえば、バルト地域におけるユダヤ人の大量殺戮が、ウルムの行動部隊裁判［一九五八年］で初めて綿密に調査された。[10] また、西ドイツ連邦司法省のナチとの人的な連続性が白日の下に晒された。これはとりわけ東ドイツが仕かけたものであった。東ドイツは一九五〇年代半ばから「克服されていない（司法の）過去」をプロパガンダキャンペーンの対象にしていたからである。[11]

ナチ犯罪追及へ

西ドイツの州司法大臣全国会議は、これらの事態を介入のいい機会と捉えた。その結果、一九五八年末に「ナチ犯罪究明のための州司法行政中央本部」（ナチ犯罪追及センター）が［バーデン＝ヴュルテンベルク州のルートヴィヒスブルクに］設立された。西ドイツ外務省は戦後初めて、ニュルンベルク裁判の証拠資料を捜査目的のために引き渡してもらうよう尽力した。

こうした活動の結果、一九六〇年代初頭から実現したナチ裁判は、社会レベルでのナチの過去との対決につながっていく。その頂点は、一九六三年から六五年にかけてフランクフルト・アム・マインでおこなわれたアウシュヴィッツ裁判である。これにより、ナチの殺害計画に占める絶滅収容所の特別な位置も、初めて公に広く知れ渡るものとなったのである。

ニュルンベルク裁判とは異なり、西ドイツにおける刑事訴追は、ナチ犯罪の実行者に対するものがほとんどであり、イデオロギー的な煽動者や諸官庁の共犯者たちへのものは少ない。「机上の犯罪者たち」が処罰されないのは、ニュルンベルク裁判判決の根拠となった管理理事会法第一〇号（KRG一〇号）が、連邦司法省と連邦裁判所の法律上の憂慮により、一九五〇年代初頭から適用されなくなったことによる。だが、西ドイツの刑法典が、ナチの刑事訴追には向いていないことは明らかだった。なぜなら、当時支配的だった法解釈によれば、遡及処罰は禁じられていたからである。

ソ連占領地区での訴追

ニュルンベルク国際軍事法廷は、法廷でソ連が独自の立場を主張していたにもかかわらず、ソ連占領地区のドイツでは、きわめてポジティブな評価を得ていた。このことは活発な法廷報道に表れている。

ソ連占領地区で許可されていた新聞や、一九四五年に設立されたベルリン・ラジオ放送局［のちに東ドイツの国営ラジオ局となる］は、裁判期間中に特派員をニュルンベルクに送りこみ、審理の経過に関する無数のルポ、コメント、インタビューを報道した。ニュルンベルクに派遣されたジャーナリスト――そのなかには東ドイツ国家保安省（シュタージ）の対外諜報部門の長を務めることになるマルクス・ヴォルフもいた――の多くは、「第三帝国」時代に亡命に追いやられていたか、強制収容所のなかにいた、筋金入りの共産主義者たちだった。彼らの報道には、自らの迫害体験や、共産主義的な「ドイツ・ファシズム」観が強く刻印されていた。

ヴィルヘルム・ピーク［のちに東ドイツ初代大統領］やヴァルター・ウルブリヒト［のちにドイツ社会主義統一党第一書記、東ドイツ国家評議会議長］のような指導的なドイツ人共産主義者にとっては、ナチズムは、ドイツの人民や他国の住民を隷属させる、政党ボス・将軍・産業界のボスという少数のエリートたちが作り上げたものであった。また、モスクワから帰還した党幹部たちにとって、多くのドイツ人は戦争と犯罪の共犯者であった。

こうした背景から、ソ連占領地区では、ナチの代表的な指導者を法的に清算する米英仏ソ四連合国の計画が支持されただけでなく、西側占領地区のブルジョワ的なドイツ人政治家とは異なり、ナチ体制の無数の売国奴たちを国民の法廷で裁くことが、占領軍に提案されていた。しかしソ連は、治安政策および対ドイツ政策の観点から、戦後二年間は、ナチの刑事訴追へのドイツ人の関与を禁じた。

ソ連は、ポツダム協定やロンドン四ヵ国協定の内容を、自らの方法で自分たちの占領地域に実践していった。ナチ犯罪者（事実にせよ無実にせよ）の処罰が、スターリン主義的な経済・社会システムをドイツの東側に創設するために利用されたのである。

ソ連の軍政府は、つねにニュルンベルク判決を引き合いに出していた。だが、その原理は事実上空洞化していた。法治国家的な視点は次第に後退していったし、そもそもソ連の諜報機関は囚人に対して法的な保護を考慮することはなかったからである。

ソ連占領地区内で容疑者の扱いが恣意的であったことをよく示すのは、すでに一九四五年春から、内務人民委員部（NKWD）と国防人民委員部防諜総局（Smersch）が、内務人民委員部長官ラブレンチー・ベリヤの指示に基づき、民間人を大量に逮捕していたことである。逮捕者のなかで、強制労働のためにソ連に連行されなかった者たちは、たいていドイツにあった特別収容所に収容された。四万から五万人とされるこの収容者たちは、占領下の五年のあいだに――拘留が数年にわたる者もいた――ソ連占領地区にあるソ連軍事法廷（SMT）に立たされた。

戦時中に設立された対独協力者や「ドイツ・ファシスト」に対する特別法廷と同様に、この法廷も、連合国のではなく、ソ連の法に従って判決を下した。ソ連軍事法廷で有罪判決を受けた無数の人びとのなかには、たしかに処罰されるべき人も多かっただろう。だが、その正確な割合は現在ではもはや知ることはできない。

ソ連占領地区におけるスターリン主義的な刑事訴追の特徴は、たいていは拷問によって得られた諜報機関の情報に基づいて、判決が下されていたことである。こうした審理では、基本的に実態の解明や個々人の責任の検討はおこなわれない。さらに、内政での路線闘争の先鋭化に伴い、共産主義に基づく占領統治への敵も、ソ連軍事法廷に引きずり出されるようになった――なかには多くの「第三帝国」に対するレジスタンスの闘士がいたにもかかわらずである。

東ドイツとニュルンベルク裁判

再建された東ドイツの裁判所におけるナチ刑事訴追も、最初から問題含みであった。たしかに東ドイツの司法は、西ドイツの司法よりも、連合国の処罰規定――具体的には管理理事会法第一〇号と、一九四六年一〇月に発効し、アメリカの解放法令〔註記第4章2参照〕に依拠した管理理事会指令第三八号――に基づき、ドイツ人犠牲者への犯罪行為を厳しく罰していた。国際軍事法廷では抑制された犯罪組織への所属という構成要件が、ソ連占領地区では積極的に活用された。だが、この構成要件に基づく多くの判決は、西側諸国にはフェアなものと思えなかった。

一九四九年の東ドイツの建国に伴い、ニュルンベルク原則はドイツ民主共和国憲法第九一条で保障されることになった。だがこの法は、体制の敵の口を封じ、彼らに「ファシスト」の烙印を捺すために乱用された。同時に、ナチ犯罪や戦争犯罪の司法的な再検討は、一九五〇年代に次第に後退していった。とはいえ、一九六〇年代には、党ないし国家の指導層が、過去をめぐる政策について西ドイツとの「体制間競争」に勝利するための武器として、「ニュルンベルクの遺産」を再び持ち出すようになる。

こうした背景から、連合国の刑罰規定は東ドイツ刑法典に継承され、多くの被告人たちが国際軍事裁判所憲章を根拠に有罪判決を下された。ここでは西ドイツの官僚や閣僚も欠席裁判で有罪となっている。

さらに「ニュルンベルク」は、「アメリカ帝国主義」や「アングロサクソンの戦争挑発者」との闘いのなかでシンボルとして機能した。

東ドイツの文筆家ロルフ・シュナイダーは、ヴェトナム戦争のさなかに出版された戯曲『ニュルンベルク裁判（*Prozeß in Nürnberg*）』で、米首席検察官ジャクソンに次の言葉を語らせている。

「［法は］まずドイツ側の侵略者たちに適用されつつあります。今般の審理を総計二三ヵ国の名においておこなっている四大国は、一方でまた次のことを承知し、かつ表明するものであります。われわれが被告人たちを今日裁定するに用いる同じ基準で、われわれもまた明日、歴史のまえで裁定を受けるでありましょう[12]」

終章

「ニュルンベルク」から「ハーグ」へ？

「ニュルンベルク原則」の確立

国際軍事法廷と継続裁判の計一三のニュルンベルク裁判が終了してから一年後の一九五〇年、継続裁判の首席検察官テルフォード・テイラーは、戦時国際法と人道的な国際刑事法にとって、ニュルンベルク国際軍事法廷の最も重要な貢献は何だったかを学問的な会合でまとめている。

テイラーによると、第一は、ニュルンベルク判決が、全世界の人間が行動の指針とすべき一連の普遍的な法的基準を創り出したことである。

第二は、ニュルンベルク裁判が、このような普遍的な原則に違反した者が犯罪者と見なされ、国際法の規定に基づき、そのために設置された裁判所により有罪判決を下されるとしたことである。

第三は、国際軍事法廷判決により、侵略戦争の計画および実行も、戦争犯罪やマイノリティの迫害も、国際法上の犯罪行為であることが確認されたことである。

テイラーはあとになって、当時の楽観的な判断をいくつかの点で修正せざるをえなかった。

しかし、ニュルンベルク裁判は国家権力の限界を定め、個々人を国際法の権利主体として認めたという、テイラーが述べた基本思想は、その後の歴史によって全体としては確認されたのである。

この「ニュルンベルク原則」を長期的に定着させる機会は、一九五〇年代以降、核兵器の存在とポスト植民地主義的な代理戦争によって明らかに減った。とはいえ、連合国の処罰プログラムが、国際的なレベルでも個々の国家のレベルでも、はっきりと痕跡を残したことは見逃せない。

まだアメリカがニュルンベルクで継続裁判を準備していた一九四六年一二月一一日、国連総会は、平和に対する罪、戦争犯罪、人道に対する罪の可罰性、および刑事訴追に対する国家元首の不可侵特権の廃止を強調する決議を採択した。

「ニュルンベルク原則」を国際法に定着させようという試みは、国連の「国際法委員会（ILC）」の設立につながった。そして、この委員会は一九五〇年七月に最初の法典案を提出している。ただし、ほぼすべての国々が政治的意志を欠いていたことから、この文書が国際法委員会で採択されたのは、ようやく一九九〇年代初頭のことであった。

ジェノサイド条約

一九四〇年代末から、ニュルンベルク裁判における最も重要な構成要件に関して著しい進歩があった。冷戦と第一次ベルリン危機[1]を背景として、一九四八年一二月に国連総会がいわゆるジェノサイド条約（集団殺害罪の防止および処罰に関する条約）を全会一致で採択したのである。

これは、集団殺害の定義を意図的に広くし、「国民的、民族的、人種的、宗教的な集団の全部または一部を破壊する」試みとするものだった。「精神的な危害」や、そうした危害をもたらす生活条件を課すことも、集団殺害の構成要件に加えられた。一九四九年には、戦時捕虜、傷病者、難船者、民間人の待遇に関する四つのジュネーヴ条約が締結され、同様に実行者の処罰の可能性を開いた。

しかし、当時の西側世界における反共産主義的な雰囲気の高まりをよく示すエピソードは、ポーランド・ユダヤ人の法律家ラファエル・レムキンが、当初はナチ・ドイツの東欧占領地域におけるユダヤ人の運命を念頭に集団殺害の構成要件を起草したのだが、最終的には反ソ的な議論によって、アメリカにジェノサイド条約を賛同させたことである。

こうして五〇年ものあいだ、ジェノサイド条約は東西対立における象徴的なプロパガンダの武器に堕し、集団殺害に該当するような多くの残虐行為が司法的に処罰されることはなかった。

人道的な国際刑事法の実現への本質的な一歩は、一九四八年の世界人権宣言に依拠した欧州人権条約の調印(一九五〇年)と、欧州人権裁判所のストラスブールへの設置(一九五九年)である。

西ドイツは、連合国による「異国の正義」との対決の経緯から、犯罪行為が遡及的に訴追されない(「ニュルンベルク条項」)という留保条件のもと、条約を批准した。

東京裁判での〝実践〟

戦後の一〇年間の特徴は、ニュルンベルク原則を規範化するためのさまざまな立法活動に加え、国際ないし国内の裁判所がニュルンベルク判決という先例を取り上げ、司法の実践に活かそうとしたことである。

その最初の野心的な試みが、連合国軍最高司令官ダグラス・マッカーサーによって一九四六年一月一九日に東京に設立された極東国際軍事裁判(東京裁判)である。一九四八年一一月まで続いたこの裁判は、日本の政治家と軍人からなる二八人の主要戦争犯罪人(「A級戦犯」）に対するものであり、彼らは平和に対する罪、戦争犯罪、人道に対する罪で起訴された。この裁判には、アメリカを含む一一ヵ国が参加した。

また、極東国際軍事裁判の参加国は、この裁判と並行して、一九五一年までに五七〇〇の日本人、朝鮮人、台湾人に対する計二二四四の戦犯法廷を実施した。被告人たちは、指揮官として（「B級戦犯」）、あるいは実行者（「C級戦犯」）として起訴された。[2]

西欧や東欧諸国でも、ニュルンベルク裁判に続いて、ナチ犯罪者ないし戦争犯罪者に対する刑事訴追がおこなわれた。チェコスロヴァキアとハンガリーだけで五万人が、ナチ時代の行為により有罪判決を下された。ポーランドで有罪とされた実行者のほとんどはドイツ出身だったが、その三分の一がアメリカやイギリスによって引き渡された者たちであった。この世界的な裁判の波とともに、「ニュルンベルクの空白期間」（ジェフリー・ハーフ）[3]はさしあたり終了した。

「民衆法廷」へ

一九六〇年代になると、西ドイツでナチ犯罪および戦争犯罪に対する刑事訴追がおこなわれるようになった。

大きな注目を集めたのは、一九六〇年に、アルゼンチンに潜伏していた、オーストリア出身でかつての国家保安本部（RSHA）ユダヤ人担当課長アードルフ・アイヒマンを、イスラエルの諜報機関モサドが拘束し、イスラエルへ送致したことである。この異常なやり方は、西ドイツも東ドイツもオーストリアもアイヒマンの引き渡しに尽力せず、常設国際刑事裁判所の設立も行き詰まっていたことから、道徳的に正当化された。

さらに、インドシナ紛争へのアメリカの軍事的関与に直面して、一九六〇年代にヨーロッパの知識人たちは、「ニュルンベルク原則」を再活性化させようとした。数学者・哲学者であり、イギリスの反核兵器運動の設立者であるバートランド・ラッセルは、一九六七年に「ヴェトナムにおけるアメリカの戦争犯罪を裁く国際法廷」を創設する。この「民衆法廷（Tribunal of Opinion）」の裁判長には、フランスの哲学者・作家のジャン＝ポール・サルトルが招かれた。フランスのド・ゴール大統領がパリで「審理」をおこなうことを禁じたため、法廷はデンマークとスウェーデンで開かれた。法廷は、アメリカによるヴェトナム戦争の開始も方法も、国連憲章や戦時国際法の原則に違反していると断じた。[4]

一九六〇年代末、アメリカ内外におけるヴェトナム戦争への批判に直面して（批判者のなかには、テルフォード・テイラーや高名な国際法学者ジョン・フリードもいた)、アメリカ政府は、一九六八年のソンミ村虐殺(ミ・ライ虐殺)事件[5]に責任を持つ米兵指揮官に対する法廷を発足させた。しかし、アメリカの公民権運動家たちは、この法廷における実態解明や戦犯に科された刑罰を、国家による揉み消し行為と判断した。[6]「民衆法廷」の伝統は、一九七〇年代に「ラテンアメリカに関する第二次ラッセル法廷」(一九七四〜七六年)および一九七九年にレリオ・バッソによって設立されたボローニャの「常設民衆法廷」に継承された。

　こうした市民社会の試みは、大国の経済政策的・地政戦略的な野望を暴き、人権に関する二重道徳を批判することによって、補完的な機能を果たした。さらに、象徴的な刑罰を科すことによって、ニュルンベルク裁判では果たせなかった約束を想起させたのである。

　人権の重要性についての意識が世界的に高まってきたにもかかわらず、刑免除の文化を克服する努力はほとんど存在しなかった。このことは何より、普遍的な裁判管轄権という原理が、一般的に承認されてはいても、制度的な支柱を欠いていたことに拠る。

　とりわけポスト植民地主義的な紛争と人種主義的な基本姿勢は、西側世界の自由民主主義諸国がニュルンベルク原則の実現のために尽力することを妨げてきた。ソ連崩壊後も、この消極性はさしあたりほとんど変わらなかった。

ハーグ国際刑事裁判所の始動とアメリカ

転機は一九九〇年代前半に到来した。ユーゴスラヴィア内戦とルワンダ共和国における残虐行為が国際的なメディア空間を活発化させたことである。こうした状況で、国連の安全保障理事会は、一九九三年二月二二日に採択された決議第八〇八号および同年五月二五日に採択された決議第八二七号に基づき、ハーグに旧ユーゴ国際刑事裁判所を設立した。また、一九九四年一一月八日に国連安保理決議第九五五号に基づき、タンザニアのアルーシャにルワンダ国際刑事裁判所を設置した。どちらの法廷も、ニュルンベルク裁判の実体法と手続法の規定を直接引き合いに出している。

それ以来、国際人道法の法典化は注目すべき進歩を見せている。一九九八年七月一七日、常設の国際刑事裁判所（ICC）を設立するためのローマ規程が採択された。その四年後の二〇〇二年七月一日、発効に必要な六〇ヵ国がローマ規定を批准し、ハーグで国際刑事裁判所が始動する。

歴史の皮肉のように思えるのは、ドイツが国際刑事裁判所の断固たる支持者となったことである。

かつてアデナウアーの外交顧問ヴィルヘルム・W・グレーヴェはニュルンベルク裁判が「誤った道」だったと述べたが、現在のドイツの国際法学者でこの意見に与《くみ》する者はほとんどいないだろう。ニュルンベルク裁判に基づくローマ規定の諸原則は、二〇〇二年にドイツの国際刑法典(VStGB)に受容されている。

他方、アメリカは、法による集団的な平和の確保という考えから離反していく。ジョージ・W・ブッシュ政権は、テロネットワークのアル＝カーイダによる犯罪行為を司法的に検討する臨時法廷を設立しようという国連の申し出を拒否し、侵略戦争の処罰をいかにして規範化できるかという問題についても、解決に関与しようとはしなかった。

しかし、これまで見てきたように、まさに後者の点、すなわち侵略戦争の処罰の規範化こそが、ニュルンベルク裁判におけるアメリカの起訴戦略の中心をなすものだった。さまざまなレベルにおける超大国アメリカの妨害、国連憲章の武力行使禁止を侵害しても依然として刑法的な制裁が欠けていること、これら二つの要素は、ローマ規定の成果を疑わせるものではないが、将来的に重荷としてのしかかるだろう。

註記

はしがき

1 映画の原題は"Nuremberg : Its Lesson for Today"

2 Konrad H. Jarausch, *Die Umkehr : Deutsche Wandlungen 1945-1995*, Münchep : Deutsche Verlags-Anstalt, 2004.

第1章

1 チャーチルの回顧録によると、出席者はスターリン、モロトフ、ローズヴェルト、エリオット・ローズヴェルト、ホプキンス、ハリマン、クラーク＝ケル、チャーチル、イーデン、そしてそれぞれの通訳たちであった。

2 「カルタゴの平和」とは、一般に戦勝国が敗戦国に押し付ける無慈悲な平和条約を指す。第二次ポエニ戦争（前二一八〜前二〇一年）後、勝者ローマが、フェニキア人の植民市カルタゴと結んだ講和に由来する。このときローマは、すべての海外領土の放棄、五〇年の賠償金支払い、軍備制限などをカルタゴに課した。その後、第三次ポエニ戦争（前一四九〜前一四六年）によって、カルタゴはローマによって破壊し尽くされることになる。「カルタゴの平和」の最も有名な使用例は、ケインズの『平和の経済的帰結』（一九一九年）だろう。このなかでケインズは、第一次世界大戦後の敗戦国ドイツに対するヴェルサイユ講和条約を「カルタゴの平和」と批判している。

第2章

1 ニュルンベルク継続裁判首席検察官テルフォード・テイラーによると、臨時軍法会議やソ連流の見せしめ裁判をさす。Telford Taylor, *The Anatomy of the Nuremberg Trials : A Personal Memoir*, New York : Skyhorse, 2013 (1993), p. 45.

2 ラテン語で「お前もやったではないか」という意味。英訳するとyou tooであり、いわゆる「逆ねじ」のこと。

3 証拠方法（Beweismittel）とは、人も物も含めた証拠となる客体を指す。立証方法や証明手段とも訳される。

4 一九四九年の西ドイツ建国後、占領規約に基づいて九月二一日に高等弁務官府が発足する。この時点でドイツはいまだ主権国家ではなく、軍事的・外交的権限、そして最終的な警察権はこの高等弁務官に留保された。さらに高等弁務官府は、通信傍受、郵便開封から、議会が制定した法律や基本法改正に対する拒否権発動も可能であった。

5 国際軍事裁判所憲章第六条のこと。「四つの部分」とは、a「平和に対する罪」、b「戦争犯罪」、c「人道に対する罪」、そして最後の段落の共同謀議罪を指す。

6 詳細は不明。*Loisl, die Geschichte eines Mädchens.*

7 「ナチ支配の余波」の邦訳は、J・コーン編『アーレント政治思想集成2――理解と政治』齋藤純一・山田正行・矢野久美子訳、みすず書房、二〇〇二年、四七―七四頁に収録されている。また、クリストフ・クレスマンは一九三八年生まれのドイツの歴史家であり、アーレントがクレスマンを引用しているというわけではない。クレスマンによる「崩壊社会」というタームは、たとえば以下の邦訳書に見られる。クリストフ・クレスマン『戦後ドイツ史 1945-1955 ――二重の建国』石田勇治・木戸衛一訳、未來社、一九九五年、第二章。

8 第一次世界大戦時のドイツ戦争犯罪人を裁こうとした裁判。第一次大戦後、連合国は、ヴェルサイユ条約第二二八条に基づき、ドイツに戦争犯罪人の引き渡しを求めたが、ドイツ政府の強い抵抗にあった。ドイツ政府は、すでに一九一九年一二月一八日に制定していた「戦争犯罪人訴追法」に基づき、戦犯裁判はドイツ国内でおこなうことを主張していた。結局ドイツ側の主張が通り、ライプツィヒで戦犯裁判がおこなわれることになったが、裁判にかけられたのは連合国側が当初主張していた九〇〇名には程遠い四五名、さらに有罪になったのはわずか六名、しかもいずれも軽微な刑罰にとどまった。結局、ライプツィヒ裁判は、連合国にとっては期待外れに終わり、ドイツにとっては西欧諸国に対するルサンチマンを遺す結果となったのである。ライプツィヒ裁判について邦語では、たとえば清水正義『「人道に対する罪」の誕生――ニュルンベルク裁判の成立をめぐって』丸善プラネット、二〇一一年、五〇―五五頁。

9 プリーモ・レーヴィ『溺れるものと救われるもの』竹山博英訳、朝日選書、二〇一四年、四頁。原書は一九八六年刊。訳文は一部変更した。

10 コルネーリア・ブリンクはドイツの芸術史家・社会史家であり、「絶滅のイコン」は彼女による強制収容所の写真に関する研究書のタイトル。Cornelia Brink, *Ikonen der Vernichtung. Öffentlicher Gebrauch von Fotografien aus nationalsozialistischen Konzentrationslagern nach 1945*, Berlin : Akademie, 1998.

11 「ヴィシー・シンドローム」とは、単純化して言えば、対独協力国家であったヴィシー政府をめぐるフランス人のトラウマを指す。本書の文脈では、ヴィシー政府時代を「忘却」するために、「レジスタンス神話」が持ち出されるような状況を意味している。アンリ・ルッソは一九八七年に『ヴィシー・シンドローム (*Le syndrome de Vichy*)』を著し、フランスにおけるヴィシー時代の記憶のされ方の変遷を検討した。この問題につき、邦語ではたとえば、渡辺和行『ホロコーストのフランス──歴史と記憶』人文書院、一九九八年を参照。

12 バビ・ヤールはキエフにある渓谷。一九四一年九月にここでナチスは約三万人のユダヤ人を殺害し、さらに当地は四三年までナチスの「処刑場」となった。正確な死者数は明らかではないが、ニュルンベルク裁判時にソ連は一〇万人としている。

13 「意図派 (Intentionalist)」とは、ナチ体制下の政策(とりわけホロコースト)を、主としてヒトラーの意図が上意下達的に実現されたものとして理解する考え方である。こうした「意図派」のヒトラー中心主義的な理解に対して、「機能派 (Funktionalist)」(あるいは「構造派」)は、ナチ体制の多元主義的な支配構造や、試行錯誤的な政策決定過程を重視する。関連文献は枚挙に暇がないが、さしあたり芝健介『ホロコースト──ナチスによるユダヤ人大量殺戮の全貌』中公新書、二〇〇八年、二四二─二四八頁を参照。

14 ゲーリング、ヘス、リッベントロップ、カイテル、ローゼンベルク、ヨードル、ノイラート、レーダーの八人が共同謀議と平和に対する罪のどちらの訴因でも有罪。一方、フリック、フンク、ザイス=インクヴァルト、デーニッツの四人は、平和に対する罪は有罪となったものの、共同謀議では無罪とされた。

15 ただしシュトライヒャーは、戦争犯罪については起訴されていない。

16 前述のように、ゲーリングは一〇月一四日から一五日にかけての夜、服毒自殺した。

第3章

1 ナチ・ドイツは対仏戦勝利後、既存のストラスブール大学のスタッフをクレルモン＝フェランに移転させ、代わりに一九四一年にストラスブール（シュトラースブルク）ライヒ大学（Reichsuniversität）をアルザスに設立した。

2 「ニュルンベルク・コード」の邦訳は下記の論文に収録されている。土屋貴志「ニュルンベルク・コードの誕生（一）」『人文研究』（大阪市立大学大学院文学研究科紀要）第五二巻第一分冊、二〇〇〇年一二月、二五—四二頁。

3 ロバート・J・リフトンはアメリカの精神医学者。戦争原因や政治的暴力に関して多くの書物を著しているが（そのうちいくつかは邦訳されている）、ナチ体制下の医師については次の著作がある。Robert Jay Lifton, *The Nazi Doctors : Medical Killing and the Psychology of Genocide*, London : Macmillan, 1986.

4 邦訳として、カール・シュミット「法治国家（一九三五年）」（竹島博之訳）『カール・シュミット時事論文集——ヴァイマール・ナチズム期の憲法・政治論議』古賀敬太・佐野誠編、風行社、二〇〇〇年、一八〇—一九七頁。該当箇所は一九二—一九三頁。

5 シュレーゲルベルガーの年金をめぐる問題につき、邦語ではクラウス・ベストライン「ニュルンベルク法律家裁判とドイツにおけるその継承」本田稔訳、『立命館法學』第三二九号（二〇一〇年1号）、三五〇—三八六頁の三七〇—三七一頁を参照。

6 邦訳として、グスタフ・ラートブルフ「ライヒ司法省の名声と終焉——法律家グループに対するニュルンベルク訴訟について」（福田平・矢崎光圀訳）『ラートブルフ著作集　第五巻　法における人間』東京大学出版会、一九六二年、一一一—一三〇頁所収。

7 邦訳書として、E・コーゴン『SS国家——ドイツ強制収容所のシステム』林功三訳、ミネルヴァ書房、二〇〇一年。

8 オーレンドルフや後述のズィクスらにつき、邦語ではたとえば、大野英二『ナチ親衛隊知識人の肖像』未來社、二〇〇一年や、クリスティアン・アングラオ『ナチスの知識人部隊』吉田春美訳、河出書房新社、二〇一二年が参考となる。

9 一九四三年一一月一二日、ヒトラーによって公布された特別法。これによりアルフリートは、クルップ社を無税かつ単独で相続することができた。

10 クルップ公益財団につき邦語では、吉森賢「ドイツ同族大企業の公益財団と統治機構――ボッシュ公益財団とクルップ公益財団」『政策研究』（日本大学政経研究所）第四八巻二号、二〇一一年、八五―一二三頁。

11 「共犯証人（Kronzeuge）」とは、大まかに言えば、免責を条件として共犯者に不利な証言をする証人のことであり、英米法、とりわけアメリカの刑事司法の特色である。ケンプナーはこれによりガウスの起訴を見送っている。また、説得の際にはソ連移送の免除もちらつかせたようである。Dirk Pöppmann, "The Trials of Robert Kempner : From Stateless Immigrant to Prosecutor of the Foreign Office," in : Kim C. Priemel and Alexa Stiller (eds.), *Reassessing the Nuremberg Military Tribunals : Transitional Justice, Trial Narratives, and Historiography*, New York : Berghahn Books, 2012, p. 38.

12 アストリート・M・エッケルトは、ベルリン自由大学で博士号を取得したアメリカのドイツ史研究者。「国民の閨房（Boudoir der Nation）」という表現は以下にある。Astrid M. Eckert, *Kampf um die Akten. Die Westalliierten und die Rückgabe von deutschem Archivgut nach dem Zweiten Weltkrieg*, Stuttgart : F. Steiner, 2004, S. 356.

1 邦訳は、たとえば本宣言の成立過程を分析した次の著作に収録されている。河島幸夫『ナチスと教会――ドイツ・プロテスタントの教会闘争』創文社、二〇〇六年、第六章（宣言本文は一九三一一九五頁）。また、シュトゥットガルト罪責宣言が引き起こした反響と論争については、宮田光雄『十字架とハーケンクロイツ――反ナチ教会闘争の思想史的研究』新教出版社、二〇〇〇年、第五章。

2 アメリカ側の在独アメリカ軍政局とドイツ側の州評議会とのあいだで取り交わされた「ナチズムと軍国主義からの解放法令」のこと。これにより、非ナチ化の実践が、限定つきではあるものの、ドイツ人自身の手に委譲された。詳しくは、クリストフ・クレスマン『戦後ドイツ史 1945-1955――二重の建国』石田勇治・木戸衛一訳、未來社、一九九五年、一〇五頁を参照。

3 邦訳として、カール・ヤスパース『戦争の罪を問う』橋本文夫訳、平凡社ライブラリー、一九九八年。

4 一九五〇年秋の時点で、ニュルンベルク継続裁判とアメリカ占領地区の軍事法廷で有罪となった戦犯六六二名を収監していた。以下の恩赦問題につき、石田勇治『過去の克服――ヒトラー後のドイツ』白水社、二〇〇二年、一〇六―一一一頁も参照。

5 一九四七年から四八年にかけて東西対立が先鋭化するなか、西側連合国は、米英仏占領地区の西側ドイツだけで国家を創設する方向へ舵を切っていく。そして、一九四八年六月二〇日、ドイツ西側三占領地区で通貨改革が断行された。こうした動きに対しソ連は、六月二四日にベルリンから西ドイツへ通じる鉄道を遮断して対応した。これが「ベルリン封鎖」（第一次ベルリン危機）である。これに対し米英両政府は空からの物資補給で応じた（「ベルリン空輪」）。ベルリン封鎖は一九四九年五月一二日まで一一ヵ月間続いた。このベルリン封鎖のあいだに、西ドイツの憲法典である「基本法」の制定（採択は四九年五月八日、布告は同二三日）など、西ドイツ成立の動きが進められていく。

6 ただしラートブルフは一九四九年一一月には亡くなっている。

7 本書八三頁にあるように、シュパンダウ刑務所は連合国が管理し、国際軍事法廷で自由刑を宣告された者たちが収監されていた。収監されていたのは、フォン・ノイラート、レーダー、デーニッツ、フンク、シュペーア、フォン・シーラッハ、ヘス。

8 ニューヨーク州の場合、「最高裁判所（Supreme Court）」が第一審裁判所であり、「最高裁判所控訴部門（Appellate Division of Supreme Court）」は控訴審裁判所を意味する。ちなみに三審制で、上告審裁判所は「上訴裁判所（Court of Appeals）」。

9 一九五一年一一月下旬から、欧州防衛共同体（EDC）条約と、西ドイツが主権を回復するための条約についての交渉がパリで行われていた。早期に決着をつけたかったアメリカの圧力もあり、一九五二年五月には条約交渉が終了し、五月二六日にボンでドイツ条約（正式には「ドイツ連邦共和国と西側三国の関係に関する条約」。「一般条約」とも言う）が調印され、翌二七日にパリでEDC条約が調印された。

10 ナチ時代に親衛隊行動部隊の司令官としてリトアニアでユダヤ人大量殺戮に関与したにもかかわらず、戦後に偽名を使って生き延びていた人物が、かつての警察組織への復職を求めた際、匿名の告発によって、謀殺罪容疑で逮捕された。この逮捕をきっかけに、一九五八年、東部戦線でユダヤ人大量虐殺に関与した親衛隊行動部隊員に対する裁判が南ドイツのウルムで始まった。マスメディアは裁判の一部始終を報道し、旧ナチ官僚の復職手続きのずさんさと、ドイツ司法によるナチ犯罪追及の生ぬるさを暴露した（石田勇治『過去の克服――ヒトラー後のドイツ』白水社、二〇〇二年、一四三頁）。

11 この東ドイツによるキャンペーンについては、石田勇治、前掲書、一六七―一七九頁が参考になる。

12 邦訳は、ロルフ・シュナイダー「ニュルンベルク裁判」（小宮曠三訳）『記録的演劇（現代世界演劇11）』白水社、一九七一年、一九九―二八八頁に所収。引用部分は二八六頁であり、訳も同訳書にしたがったが、表記を一部改めた。

終章

1 ベルリン封鎖。註記第4章5を参照のこと。

2 東京裁判の専門家である日暮吉延によれば、この「B級」と「C級」の区別は、占領開始当初、連合国最高司令官総司令部（GHQ）が「日本に誤り伝えた定義」であり、日本国内でしか通用しないものだった。また、連合国も実際にはB級とC級を明確に区別しなかったという（牛村圭・日暮吉延『東京裁判を正しく読む』文春新書、二〇〇八年、一七六頁）。

そもそも「A級戦犯」「B級戦犯」「C級戦犯」とは、「極東国際軍事裁判所憲章」第五条「人および犯罪に関する管轄」の（a）「平和に対する罪」、（b）「通例の戦争犯罪」、（c）「人道に対する罪」に対応した、犯罪の性質による類型化である。これは、国際軍事裁判所憲章第六条（本書二八頁参照）に対応するものではあるが、ドイツでは、たとえば「A級戦犯」といった用語は使われない。ニュルンベルク国際軍事法廷の被告人は「主要戦争犯罪人」と呼ばれるのみである。つまり、「～級戦犯」という用語は日本独自のものと言える。そして、ナチ・ドイツとは異なり、日本の戦犯については「人道に対する罪」の訴因がほとんど重視されなかったこともあり、一括して「BC級戦犯」「BC級裁判」とされるのが通例である。しばしば誤解されがちな「A級戦犯」などの用語について詳しくは、日暮吉延『東京裁判』講談社現代新書、二〇〇八年、一七－二九頁を参照。

3 この表現は以下の著作にみられる。Jeffrey Herf, *Divided Memory : The Nazi Past in the Two Germanys*, Cambridge, Mass. : Harvard University Press, 1997. ハーフによると、「ニュルンベルクの空白期間（Nuremberg interregnum）」とは、第二次世界大戦終結と冷戦の固定化のあいだの時期を指す。

4 「ラッセル法廷」や、次段のソンミ村虐殺事件に関する最近の邦語の研究書として、藤本博『ヴェトナム戦争研究――「アメリカの戦争」の実相と戦争の克服』法律文化社、二〇一四年。

5 一九六八年三月一六日、米陸軍ウィリアム・カリー中尉率いる米兵部隊が、ソンミ村で女性や子どもを含む五〇四人を虐殺した事件。

6 一九七〇年三月に一四人が起訴されたが、ウィリアム・カリー中尉が終身刑となっただけで、残りの一三人は証拠不十分で無罪となった（判決言い渡しは七一年三月）。さらに、判決から約三年後の一九七四年四月には、カリー中尉の刑期が一〇年に短縮され、翌年九月には仮釈放された。

謝辞

まず、C・H・ベック出版社のクラウディア・アルトハウスに心より感謝したい。彼女は、ニュルンベルク主要戦犯法廷の判決言い渡しから六〇周年を機に、C・H・ベックの「ヴィッセン（知識）」叢書の一冊として本書を出版することを提案してくれた。また、本書に助言してくれたノルベルト・フライ（イエナ）とマルク・フォン・ミーケル（ミュンスター）にも感謝申し上げたい。アストリート・M・エッケルト（アトランタ）とヘルカー・プフルーク（ベルリン）は、本書の内容や表現に関して査読してくれた。お二人はそれぞれのやり方で、わたしを刺激し、支えてくれた。この場を借りて、お二人に特に感謝する。本書を、わたしの息子オスカル・E・レーヴィスに捧げる。

Singer, Donald L. : German Diplomats at Nuremberg. A Study of the Foreign Office Defendants of the Ministries Case, Diss. phil. Washington D. C. 1980.

Smith, Bradley F. : Der Jahrhundertprozeß. Die Motive der Richter von Nürnberg. Anatomie einer Urteilsfindung, Frankfurt a. M. 1977（oder spätere Aufl.）.

Steinbach, Peter : Nationalsozialistische Gewaltverbrechen. Die Diskussion in der deutschen Öffentlichkeit nach 1945, Berlin 1981.

Stiftung Topographie des Terrors（Hrsg.）: Der Nürnberger Hauptkriegsverbrecherprozess / The Trial of Major War Criminals in Nuremberg, 18. Oktober 1945-1. Oktober 1946. Eine Begleitbroschüre zur gleichnamigen Ausstellung, Berlin 2005.

Taylor, Telford : Die Nürnberger Prozesse. Kriegsverbrechen und Völkerrecht, Zürich 1950.

Tent, James F. : Mission on the Rhine. Reeducation and Denazification in American-Occupied Germany, Chicago 1982.

Tusa, Ann / Tusa, John : The Nuremberg Trial, London 1983（oder spätere Aufl.）.

Ueberschär, Gerd R.（Hrsg.）: Der Nationalsozialismus vor Gericht. Die alliierten Prozesse gegen Kriegsverbrecher und Soldaten 1943-1952, Frankfurt a. M. 1999.

Weckel, Ulrike / Wolfrum, Edgar（Hrsg.）:《Bestien》und《Befehlsempfänger.》Frauen und Männer in NS-Prozessen nach 1945, Göttingen 2003.

Weinke, Annette : Die Verfolgung von NS-Tätern im geteilten Deutschland. Vergangenheitsbewältigungen 1949-1969 oder : Eine deutsch-deutsche Beziehungsgeschichte im Kalten Krieg, Paderborn u. a. 2002.

Werle, Gerhard : Völkerstrafrecht, Tübingen 2003.

Wieland, Günther : Der Jahrhundertprozeß von Nürnberg. Nazi- und Kriegsverbrecher vor Gericht, Berlin［Ost］1986.

Wilke, Jürgen u.a. : Holocaust und NS-Prozesse. Die Presseberichterstattung in Israel und Deutschland zwischen Aneignung und Abwehr, Köln / Weimar / Wien 1995.

※この推奨文献一覧は原書の巻末に収録されているものである
文献表記も原書に従った（訳者）

Umgang mit Kriegs- und Besatzungsunrecht in Japan und Deutschland, Berlin 2001.
Miquel, Marc v. : Ahnden oder Amnestieren? Westdeutsche Justiz und Vergangenheitspolitik in den sechziger Jahren, Göttingen 2004.
Nürnberger Menschenrechtszentrum (Hrsg.) : Von Nürnberg nach Den Haag. Menschheitsverbrechen vor Gericht. Zur Aktualität des Nürnberger Prozesses, Hamburg 1996.
Osiel, Mark J. : Mass Atrocity, Collective Memory, and the Law, New Brunswick / London 1997.
Overy, Richard J. : Verhöre. Die NS-Elite in den Händen der Alliierten 1945, München / Berlin 2002.
Padover, Saul K. : Lügendetektor. Vernehmungen im besiegten Deutschland 1944/45, Frankfurt a. M. 1999 (oder spätere Aufl.).
Pätzold, Kurt / Weißbecker, Manfred (Hrsg.) : Stufen zum Galgen. Lebenswege vor den Nürnberger Urteilen, Leipzig 1996 (oder spätere Aufl.).
Perels, Joachim : Das juristische Erbe des《Dritten Reiches》. Beschädigungen der demokratischen Rechtsordnung, Frankfurt a. M. / New York 1999.
Reginbogin, Herbert R. / Safferling, Christoph (Hrsg.) : The Nuremberg Trials, International Criminal Law since 1945 : 60th Anniversary International Conference / Die Nürnberger Prozesse, Völkerstrafrecht seit 1945 : Internationale Konferenz zum 60. Jahrestag, München 2006.
Reichel, Peter : Vergangenheitsbewältigung in Deutschland. Die Auseinandersetzung mit der NS-Diktatur von 1945 bis heute, München 2001.(ペーター・ライヒェル『ドイツ　過去の克服――ナチ独裁に対する1945年以降の政治的・法的取り組み』小川保博・芝野由和訳、八朔社、2006年)
Schabas, William A. : Genozid im Völkerrecht, Hamburg 2003.
Schmitt, Carl : Das internationalrechtliche Verbrechen des Angriffskrieges und der Grundsatz «Nullum crimen, nulla poena sine lege». Mit Anmerkungen und Nachwort von Helmut Quaritsch, Berlin 1994.(カール・シュミット著、ヘルムート・クヴァーリチュ編『攻撃戦争論』新田邦夫訳、信山社出版、2000年)

War Crimes Tribunals, Princeton / Oxford 2000 (oder spätere Aufl.).

Biddiss, Michael : The Nuremberg Trial and the Third Reich, London 1993.

Bloxham, Donald : Genocide on Trial. War Crimes Trials and the Formation of Holocaust History and Memory, Oxford 2001 (oder spätere Aufl.).

Braese, Stephan (Hrsg.) : Rechenschaften. Juristischer und literarischer Diskurs in der Auseinandersetzung mit den NS-Massenverbrechen, Göttingen 2004.

Buscher, Frank M. : The U. S. War Crimes Trial Program in Germany, 1946-1955, Westport 1989.

Douglas, Lawrence : The Memory of Judgement. Making Law and History in the Trials of the Holocaust, New Haven / London 2001.

Ebbinghaus, Angelika / Dörner, Klaus : Vernichten und Heilen. Der Nürnberger Ärzteprozeß und seine Folgen, Berlin 2001.

Frei, Norbert : Vergangenheitspolitik. Die Anfänge der Bundesrepublik und die NS-Vergangenheit, München 1996 (oder spätere Aufl.).

Ders. (Hrsg.) : Hitlers Eliten nach 1945, Frankfurt a. M. / New York 2003 (oder spätere Aufl.).

Ginsburgs, George : Moscow's Road to Nuremberg. The Soviet Background to the Trial, The Hague / Boston 1996.

Hankel, Gerd / Stuby, Gerhard (Hrsg.) : Strafgerichte gegen Menschheitsverbrechen. Zum Völkerstrafrecht 50 Jahre nach den Nürnberger Prozessen, Hamburg 1995.

Henke, Klaus-Dietmar / Woller, Hans (Hrsg.) : Politische Säuberung in Europa. Die Abrechnung mit Faschismus und Kollaboration nach dem Zweiten Weltkrieg, München 1991.

Jung, Susanne : Die Rechtsprobleme der Nürnberger Prozesse, dargestellt am Verfahren gegen Friedrich Flick, Tübingen 1992.

Mühlen, Bengt v. zur / Klewitz, Andreas v. (Hrsg.) : Die 12 Nürnberger Nachfolgeprozesse 1946 -1949, Berlin 2000.

Kochavi, Arieh J. : Prelude to Nuremberg. Allied War Crimes Policy and the Question of Punishment, Chapel Hill 1998.

Marxen, Klaus / Miyazawa, Koichi / Werle, Gerhard (Hrsg.) : Der

Mit einer Einführung von Christian Zentner, CD-ROM Edition, Berlin 2000.
Kempner, Robert M. W. : Ankläger einer Epoche. Lebenserinnerungen, Frankfurt a. M. / Berlin / Wien 1983.
Laternser, Hans : Verteidigung deutscher Soldaten. Plädoyers vor Allierten Gerichten, Bonn 1950 (oder spätere Aufl.).
Marrus, Michael R. : The Nuremberg War Crimes Trial 1945-46. A Documentary History, Boston / New York 1997.
Mitscherlich, Alexander / Mielke, Fred (Hrsg.) : Medizin ohne Menschlichkeit. Dokumente des Nürnberger Ärzteprozesses, Frankfurt a. M. 1960. (アレキサンダー・ミッチャーリッヒ、フレート・ミールケ編・解説『人間性なき医学――ナチスと人体実験』金森誠也・安藤勉訳、ビイング・ネット・プレス、2001年)
Peschel-Gutzeit, Lore Maria (Hrsg.) : Das Nürnberger Juristen-Urteil von 1947. Historischer Zusammenhang und aktuelle Bezüge, Baden-Baden 1996.
Der Prozeß gegen die Hauptkriegsverbrecher vor dem Internationalen Militärgerichtshof Nürnberg. 14. November 1945-1. Oktober 1946. Amtlicher Wortlaut in deutscher Sprache, 42 Bde., München 1984 (Nachdr. d. Ausg. Nürnberg 1947-1949).
Die Rechtsprechung der Nürnberger Militärtribunale. Sammlung der Rechtsthesen der Urteile und gesonderten Urteilsbegründungen der dreizehn Nürnberger Prozesse. Unter Mitwirkung von Hermann Maschke systematisch geordnet und bearb. von Kurt Heinze und Karl Schilling, Bonn 1952.
Taylor, Telford : Die Nürnberger Prozesse. Hintergründe, Analysen und Erkenntnisse aus heutiger Sicht, München 1994 (oder spätere Aufl.).
Trials of War Criminals before the Nuremberg Military Tribunals under Control Council Law No. 10, Nuremberg, October 1946 - April 1949 (《Green Series》), 15 vols. in 18 books, New York 1997 (Nachdr. d. Ausg. Washington 1950 -1953).

推奨文献

Bass, Gary Jonathan : Stay the Hand of Vengeance. The Politics of

推奨文献一覧

ニュルンベルク裁判に関する文献について、詳しくは注釈つきの文献目録である、Norman E. Tutorow, War Crimes, War Criminals, and War Crimes Trials : An Annotated Bibliography and Source book（New York, 1986）を参照のこと。

公刊資料と同時代人による著作

Bauer, Fritz : Die Kriegsverbrecher vor Gericht, Zürich / New York 1945.

Boveri, Margret : Der Diplomat vor Gericht, Berlin / Hannover 1948.

D' Addario, Ray / Kastner, Klaus : Der Nürnberger Prozeß. Das Verfahren gegen die Hauptkriegsverbrecher 1945-1946, Nürnberg 1994.

Diller, Ansgar / Mühl-Benninghaus, Wolfgang（Hrsg.）: Berichterstattung über den Nürnberger Prozeß gegen die Hauptkriegsverbrecher 1945/46. Edition und Dokumentation ausgewählter Rundfunkquellen, Potsdam 1998.

Fiedeler, Hans [= Alfred Döblin] : Der Nürnberger Lehrprozeß, Baden-Baden 1946.

Flanner, Janet : Paris, Germany... Reportagen aus Europa 1931-1950, München 1992.

Gilbert, Gustave M. : Nürnberger Tagebuch. Gespräche der Angeklagten mit dem Gerichtspsychologen, Frankfurt a. M. 1962（oder spätere Aufl.）.

Haensel, Carl : Das Gericht vertagt sich. Aus dem Tagebuch eines Nürnberger Verteidigers, Hamburg 1950（oder später u. d. T.《Das Gericht vertagt sich. Tagebuch eines Verteidigers bei den Nürnberger Prozessen》, Wiesbaden / München 1980）.

Heydecker, Joe J. / Leeb, Johannes : Der Nürnberger Prozeß. Bilanz der tausend Jahre, Köln 2003（mit Vorwort von Eugen Kogon und Robert M. W. Kempner）.

Internationaler Militärgerichtshof Nürnberg（Hrsg.）: Der Nürnberger Prozess. Das Protokoll des Prozesses gegen die Hauptkriegsverbrecher vor dem Internationalen Militärgerichshof 14. November 1945 bis 1. Oktober 1946.

訳者解説

本書と著者について

本書は、Annette Weinke, *Die Nürnberger Prozesse*, München: C.H. Beck, 2006 の全訳である。翻訳にあたっては、C・H・ベック社から提供されたPDF版を底本にした。ただし、二〇一五年二月に原書の第二版の出版が予定されていたため、著者に改版にあたっての変更箇所を問い合わせ、訳文に反映させた。

原書は、ドイツの出版社C・H・ベックの「ヴィッセン(知識)」叢書の一冊である。この叢書は、あるテーマにつき、当該分野の権威が一般向けに一〇〇頁程度で解説するものである。英語だとオクスフォード大学出版の「ベリー・ショート・イントロダクション」叢書(一部は岩波書店から「一冊でわかる」シリーズとして邦訳刊行)、フランス語だとフランス大学出版局の「文庫クセジュ」(邦訳は白水社から)にあたるものと言えようか。

この叢書からの邦訳はすでに散発的におこなわれており、たとえば最近では、フォルカー・ベルクハーン『第一次世界大戦』（鍋谷郁太郎訳、東海大学出版部、二〇一四年）が出ている。叢書刊行開始が一九九五年と歴史は浅いが、ドイツの書店に入れば、たいていはズラリと並べてある。

こうした叢書のなかの一冊ということもあり、原書は、現代ドイツにおいてニュルンベルク裁判に関する最もスタンダードな入門書の位置を占めている。後述するニュルンベルク裁判記念館のウェブサイトでも、本書は「入門に最適」と推奨されている。

著者のアンネッテ・ヴァインケは、二〇一五年二月現在、イエナ大学（フリードリヒ・シラー大学）近現代史講座の研究助手（Wissenschaftliche Assistentin am Lehrstuhl für Neuere und Neueste Geschichte der Friedrich-Schiller-Universität Jena）。研究テーマは、人権と国際刑事法の歴史、連合国の非ナチ化政策、東西ドイツにおけるナチ裁判である。

『ニュルンベルク裁判』以外の単著としては、『分断ドイツにおけるナチ犯罪者の訴追――一九四九年から六九年までの過去の克服、あるいは冷戦期の東西ドイツ関係史』（二〇〇二年）[1]と、『社会は自分自身を捜査する――ナチ犯罪追及センターの歴史、一九五八～二〇〇八年』（二〇〇八年）[2]を刊行している。

前者は、ポツダム大学に提出した博士学位論文（指導教員クリストフ・クレスマン）をもとにした大部の研究書である。後者は、現在も活動を続けるナチ犯罪追及センター（ナチ犯罪究明のための州司法行政中央本部。本書一七八頁参照）の五〇年の歴史をたどり、当センターが（西）ドイツ社会の民主化や「過去」への意識転換を促したさまを描いたものである。

編著・共著は数多いが、最近ではノルベルト・フライと共編の『新しい道徳的な世界秩序に向けて？——一九四五年以降の人権政策と国際法』（二〇一三年）[3]がある。また、二〇一四年七月には教授資格論文をイエナ大学に提出している。この間、外務省の過去に関する独立歴史家委員会の研究協力者としても活動している。[4]実に旺盛に研究を続けている中堅歴史家と言えよう（より詳細なプロフィールはイエナ大学HPの研究者欄を参照されたい）。[5]

本書の特徴は、「訳者まえがき」でも述べた通り、国際軍事法廷（IMT）と継続裁判（NMT）双方を概説し、それらが後世に与えた影響を簡潔に描いた点である。著者ヴァインケ自身、「ニュルンベルク戦犯プログラムの前史・経過・帰結に関して、社会史や文化史の知見も取り入れた概説が現在まで存在しない」（本書五－六頁）と述べているように、このようなコンパクトな概説書は、これまでドイツにもあまり存在しなかった。[6]

とりわけ、戦後ドイツにおけるニュルンベルク裁判への社会的反響を描いた第4章は、著者が博士論文で取り組んだテーマでもあることから、他に得難いものとなっている。

もちろん、この簡潔さゆえに、本書にはもう少し説明が欲しいところもある。たとえば、国際軍事法廷を扱った第2章は少しあっさりし過ぎているかもしれない。また、著者が指摘するように、戦後ドイツは数十年をかけて、ニュルンベルク裁判に対する批判的な姿勢から、常設国際刑事裁判所の支持者となるにいたっている。しかし、こうした転換はいかにして可能だったのか、正面から論じられているわけではない。とはいえ、これらはやはりないものねだりであろう。[7]

なお、本書がはしがきや終章で提示する「ニュルンベルクからハーグへ」というストーリー、すなわちニュルンベルク裁判を国際人道法・国際刑事法の発展のなかに位置づけるという語りは、著者独自の主張というより、現在のドイツの公的な言説と言えよう。

たとえば、二〇一〇年一一月、ニュルンベルク裁判が行われた裁判所建物（現在も地方裁判所として使われている）の四階（ドイツ式に言えば三階）にニュルンベルク裁判記念館がオープンしたが、[8]そこで展示されているのも、ニュルンベルク裁判からハーグ国際刑事裁判所にいたる国際法発展の物語である。

もちろん、ニュルンベルク裁判への批判（たとえば「勝者の裁き」論など）が社会のなかで絶えたわけではない。しかし、公的な言説空間のなかではそれらを抑えつつ、普遍主義的な語りのなかにニュルンベルク裁判を位置づけることができるのが、現代ドイツの強みであるとは言えないだろうか。

原書刊行後の研究状況

ここでは、原書が刊行された二〇〇六年以降に出版された欧文のニュルンベルク裁判研究のなかで、とくに訳者が重要と思った単行本を五冊だけ挙げておく（それ以前については、著者ヴァインケによる巻末の「推奨文献一覧」を参照いただきたい）。

①Guénaël Mettraux（ed.）, *Perspectives on the Nuremberg Trial*, Oxford : Oxford University Press, 2008.

②Valerie Geneviève Hébert, *Hitler's Generals on Trial : The Last War Crimes Tribunal at Nuremberg*, Lawrence, Kan. : University Press of Kansas, 2010.

③Kevin Jon Heller, *The Nuremberg Military Tribunals and the Origins of International Criminal Law*, Oxford : Oxford University Press, 2011.

④Kim C. Priemel and Alexa Stiller (eds.), *Reassessing the Nuremberg Military Tribunals : Transitional Justice, Trial Narratives, and Historiography*, New York : Berghahn Books, 2012.

⑤Kim C. Priemel und Alexa Stiller (Hg.), *NMT : Die Nürnberger Militärtribunale zwischen Geschichte, Gerechtigkeit und Rechtschöpfung*, Hamburg : Hamburger Edition, 2013.

近年の傾向は、国際軍事法廷に比して、これまで研究があまり進んでいなかった継続裁判に注目が集まっていることだろう。ここ数年で継続裁判研究は飛躍的に進歩した。なかでもベルリン・フンボルト大学のキム・C・プリーメルらが進めている継続裁判研究は重要である（④⑤）。とくに⑤は九〇〇頁を超える大著であり、これからの研究の参照点となるだろう。

また、③は英語で初めて継続裁判を体系的に分析した、法学者による著作である。②は国防軍最高司令部裁判（第12号事件）に関する英語の著作である。

①は、ニュルンベルク裁判について書かれた新旧の論文のユニークなアンソロジーである。ロバート・ジャクソン米首席検察官ら当事者たちや、ハンス・ケルゼン、ハーシュ・ローターパクト、クインシー・ライトら高名な学者たちの論考を収録している。

註記

1　Annette Weinke, *Die Verfolgung von NS-Tätern im geteilten Deutschland. Vergangenheitsbewältigungen 1949-1969 oder : Eine deutsch-deutsche Beziehungsgeschichte im Kalten Krieg*, Paderborn : F. Schöningh, 2002.

2　Annette Weinke, *Eine Gesellschaft ermittelt gegen sich selbst. Die Geschichte der Zentralen Stelle Ludwigsburg 1958-2008*, Darmstadt : Wissenschaftliche Buchgesellschaft, 2008.

3　Norbert Frei und Annette Weinke（Hg.）, *Toward a New Moral World Order? Menschenrechtspolitik und Völkerrecht seit 1945*, Göttingen : Wallstein, 2013.

4　二〇〇五年、当時の外相ヨシュカ・フィッシャーが外務省とナチスとの関わりについて調査するよう指示し、ドイツのみならずアメリカやイスラエルの歴史家も招いて、「独立歴史家委員会」が編成された。二〇一〇年に公刊された当委員会の報告書は、ホロコーストへの外務省の組織的な関与を指摘するなど、大きな反響を呼んだ。報告書は以下。Eckart Conze, Norbert Frei, Peter Hayes, Moshe Zimmermann, *Das Amt und die Vergangenheit. Deutsche Diplomaten im Dritten Reich und in der Bundesrepublik*, unter Mitarbeit von Annette Weinke und Andrea Wiegeshoff, München : Blessing, 2010.

5　http://www.nng.uni-jena.de/Mitarbeiter_innen/Aktuell/Annette+Weinke.html

6　本書と同様、ニュルンベルク裁判の全体像をコンパクトにまとめたものとして、ゲルト・R・イーバーシェーア編『裁かれるナチズム』（一九九九年、二〇〇八年第三版）があるが、こちらは二〇人の著者が分担して執筆したものであり、たいへん便利ではあるが、一冊としてのまとまりには欠けている。Gerd R. Ueberschär（Hg.）, *Der Nationalsozialismus vor Gericht. Die alliierten Prozesse gegen Kriegsverbrecher und Soldaten 1943-1952*, 3. Aufl., Frankfurt am Main. : Fischer, 2008（zuerst 1999）.

7 本書の書評としては、たとえばドイツ史の代表的な書評サイト H-Soz-Kult 上のキム・C・プリーメルによるものがある。本書についてプリーメルは、国際軍事法廷については先行研究をよく咀嚼しているが、継続裁判については必ずしもそうではないことを指摘している。これは、プリーメルが継続裁判を主に研究していることにもよるだろう。Kim C. Priemel: Rezension zu: Weinke, Annette: *Die Nürnberger Prozesse*. München 2006 u.a. in: H-Soz-Kult, 17.01.2007, <http://www.hsozkult.de/publicationreview/id/rezbuecher-8759>.

8 http://www.museen.nuernberg.de/memorium-nuernberger-prozesse/

読書案内——さらに読み進めたい人のために

ここでは、本書を読み、さらにニュルンベルク裁判に興味をもたれた方のために、日本語で読めるニュルンベルク裁判関連文献を、ごく限られた数ではあるが挙げておく。ぜひ手にとって頂ければと思う。

まず挙げておきたいのは、本書とほぼ同時に刊行される、芝健介『ニュルンベルク裁判』(岩波書店、二〇一五年)である。芝はニュルンベルク裁判研究の第一人者であり、継続裁判の重要性についても、つとに指摘してきた。日本語のニュルンベルク裁判研究のスタンダードとなるだろう。[1] 同著者による『ホロコースト——ナチスによるユダヤ人大量殺戮の全貌』(中公新書、二〇〇八年)は、ナチが何をしたのかを知るための必読文献である。

ニュルンベルク裁判の中核概念である「平和に対する罪」の成立については、大沼保昭『戦争責任論序説——「平和に対する罪」の形成過程におけるイデオロギー性と拘束性』(東京大学出版会、一九七五年）という体系的な研究がある。同著者による『東京裁判、戦争責任、戦後責任』（東信堂、二〇〇七年）も参照されたい。

一方、「人道に対する罪」の成立過程については、清水正義『「人道に対する罪」の誕生——ニュルンベルク裁判の成立をめぐって』（丸善プラネット、二〇一一年）が、英米の外交文書を駆使して、実証的に明らかにしている。また、同著者による『戦争責任とは何か——東京裁判論争をめぐる50問50答』（かもがわ出版、二〇〇八年）は、東京裁判とニュルンベルク裁判の異同をわかりやすく解説した入門書である。

国際軍事法廷について邦訳で普及しているものとして、ジョゼフ・E・パーシコ『ニュルンベルク軍事裁判』（上下巻、白幡憲之訳、原書房、二〇〇三年）がある。これは小説風に書かれており、鵜呑みにできない箇所も多いが、人間ドラマとしては面白い。本書を原作として、二〇〇〇年にアメリカでテレビドラマが制作されている。なお、同じく翻訳として普及したウェルナー・マーザー『ニュルンベルク裁判——ナチス戦犯はいかにして裁かれたか』（西義之訳、TBSブリタニカ、一九七九年）は、ナチを弁護するための史実の歪曲が多く、お勧めできない。

本書では触れられていないが、ニュルンベルク国際軍事法廷は、同時通訳が初めて本格的に使われた、通訳史上の画期でもあった。ニュルンベルク裁判以降、同時通訳という技術は国際的に普及していく。この通訳の問題については、フランチェスカ・ガイバ『ニュルンベルク裁判の通訳』(武田珂代子訳、みすず書房、二〇一三年)が、臨場感溢れる筆致で伝える。

ドイツの「過去の克服」全体については日本でも優れた文献が多数著されているが、石田勇治『過去の克服——ヒトラー後のドイツ』(白水社、二〇〇二年)と佐藤健生・ノルベルト・フライ編『過ぎ去らぬ過去との取り組み——日本とドイツ』(岩波書店、二〇一一年)の二冊をまずはお勧めしたい。

背景となる戦後初期のドイツ史についても良書は多いが、本書と密接に関連するものとして、クリストフ・クレスマン『戦後ドイツ史1945―1955——二重の建国』(石田勇治・木戸衛一訳、未來社、一九九五年)を挙げておく。クレスマンは本書の著者ヴァインケの指導教員にあたる。

最後に東京裁判について。訳者に東京裁判を語る資格はないが、本書を訳すにあたっては、とりわけ日暮吉延『東京裁判の国際関係——国際政治における権力と規範』(木鐸社、二〇〇二年)、同『東京裁判』(講談社現代新書、二〇〇八年)、戸谷由麻『東京裁判——第二次大戦後の法と正義の追求』(みすず書房、二〇〇八年)が参考になった。日暮の研究は、実証的な東京裁判の政治史であり、とくに国際政治的側面を重視している。戸谷の研究は、東京裁判が国際人道法の形成・発展に貢献していると主張する点で、本書の議論とも共鳴するものがある。いずれの研究も、ニュルンベルク裁判と東京裁判との関連性について論じており、参考になるだろう。[2]

註記

1 また、以下に芝健介による一連のニュルンベルク裁判関連文献を挙げておく。
①「ニュルンベルク裁判小考」『國學院雑誌』第八九巻四号、一九八八年、一七-四六頁
②「ニュルンベルク裁判の構造と展開」アジアに対する日本の戦争責任を問う民衆法廷準備会編『問い直す東京裁判』緑風出版、一九九五年、一〇一-一三五頁
③「ニュルンベルク裁判と東京裁判」五十嵐武士・北岡伸一編『〔争論〕東京裁判とは何だったのか』築地書館、一九九七年、二七-四二頁
④「何が裁かれ、何が裁かれなかったのか――ニュルンベルク裁判とドイツ人によるナチ犯罪裁判の問

題」『岩波講座　世界歴史25　戦争と平和』岩波書店、一九九七年、七九－九八頁
⑤「戦時性暴力とニュルンベルク国際軍事裁判」内海愛子・高橋哲哉編『戦犯裁判と性暴力』緑風出版、二〇〇〇年、三八－五七頁
⑥「ホロコーストとニュルンベルク裁判」『史論』（東京女子大学）第五五号、二〇〇二年、二〇－四〇頁

2

戸谷の研究は、ニュルンベルク裁判が東京裁判に与えた影響のみならず、東京裁判の判決が、ニュルンベルク継続裁判の判決に影響を与えた可能性を示唆している点で興味深い。たとえば戸谷の前掲書では、ヴィルヘルムシュトラーセ裁判におけるヴァイツゼッカーへの判決が、東京裁判での重光葵への判決を参考にした可能性が指摘されている（二一八－二一九頁）。

訳者あとがき

読書案内でも触れたように、ドイツの「過去の克服」に関する日本語文献は数多いし、良書も少なくない。しかし、ニュルンベルク裁判に関する手頃な一般書はほぼ皆無と言ってよい。それだけでも、いま本書を出版する意義はあるだろう。

また、本年は第二次世界大戦が終結して七〇周年という節目の年である。すでに日本でも多くの媒体で「あの戦争」の意味を問い直す企画が展開されている。必然的に、同じ敗戦国であるドイツについての言及も増えているようだ。

しかし、マスメディアにせよ、ネットメディアにせよ、ドイツの「過去の克服」についてはいい加減な言説も多い。ニュルンベルク裁判、あるいはドイツにおけるナチ訴追についても同様である。

「ドイツに見習え」と言い続けてきた割には、肝心のドイツについての理解が進んでいない。

あるいは、「ドイツと日本は違う（から学ぶ必要などない）」と言いつつ、ドイツに何が起きたか、ドイツが何をしてきたかを、そもそも知らない。これがドイツをめぐる日本の言説の現状ではないだろうか（この点については、拙文「戦後ドイツの『過去の克服』再考――日本が学ぶべき点は何か」『外交』第二九号、二〇一五年一月で指摘した）。「為にする」議論が多いのは仕方ないとは思うが、それでも、もっと等身大のドイツを学ぶべきではないのか。別の言い方をすれば、着実に実証研究は積みあがっているのだから、それに基づいた議論はできないものか。そうした考えもあり、本書を訳出した次第である。

本書を多くの方が手に取ってくだされば幸いである。

さて、偉そうなことを述べたが、実はニュルンベルク裁判というテーマも、翻訳出版という試みも、中公新書の白戸直人さんが企てたものである。白戸さんと私は昨年の五月に『アデナウアー』を出したばかりだが、息をつく暇もなく本書の刊行となった。

これまでニュルンベルク裁判について関心はあったものの、研究と言えるほどの勉強をしてこなかった私にとって、本書の翻訳は冒険だったが、また白戸さんと仕事ができるならとお引き受けした。さらに、自分のことで恐縮だが、『アデナウアー』では一言触れるのみだった西ドイツにおける「恩赦」問題について、これで埋め合わせができるとも考えた。貴重な勉強の機会を与えてくださった白戸さんに感謝したい。

翻訳書の出版は、大学院時代に指導教員と文庫クセジュを訳して以来一一年ぶりのことであり、小著とはいえかなり難渋した。日本語としての読みやすさを優先するため、原文では一文のところを二ないし三つの文に分けたり、過剰な修飾語を省いたりした。原書よりも改行を増やし、小見出しもかなり増やしたことは凡例で述べたとおりである。また、ふだん学術論文ではやらないような意訳も思いきって試みた。率直なご意見・ご批判を頂ければ幸甚である。

本書の訳出にあたっては、ニュルンベルク裁判研究の第一人者である芝健介先生のお力添えをいただいた。お忙しいなか、先生は第三章までの訳稿に目を通してくださり、多くの誤訳を正してくださった。また、そもそも芝先生の先行するご研究がなければ、私に本書の翻訳は不可能だっただろう。記して感謝申し上げたい。

ドイツ語の法律用語については、刑法を専門とする妻の佐藤陽子の手を煩わせた。いつもながら感謝したい。さらに、気鋭の日本史研究者であるDaniel Schleyさん（ミュンヘン大学）とAndré Linnepeさん（ベルリン・フンボルト大学、成蹊大学）には、苦しい局面でドイツ語に関して助けていただいた。御礼申し上げる。

もちろん、最終的な訳語の選択や、残りうる誤訳は私に責任がある。

最後に、土壇場での急な訳者の問い合わせにも快く応じてくださった、著者のAnnette Weinkeさんに感謝したい。

二〇一五年三月

板橋拓己

アンネッテ・ヴァインケ（Annette Weinke）

1963年生まれ．ゲッティンゲン大学，ベルリン自由大学などで学び，2001年にポツダム大学で博士号取得．シュトゥットガルト大学研究協力員などを経て，10年よりイエナ大学近現代史講座研究助手．この間，外務省の過去に関する独立歴史家委員会の研究協力者などを歴任．研究テーマは人権と国際法の歴史，連合国の非ナチ化政策，東西ドイツにおけるナチ訴追．

著書 *Die Verfolgung von NS-Tätern im geteilten Deutschland. Vergangenheitsbewältigungen 1949-1969 oder : Eine deutsch-deutsche Beziehungsgeschichte im Kalten Krieg*（Paderborn: F. Schöningh, 2002）

Eine Gesellschaft ermittelt gegen sich selbst. Die Geschichte der Zentralen Stelle Ludwigsburg 1958-2008（Darmstadt: Wissenschaftliche Buchgesellschaft, 2008）

板橋拓己（いたばし・たくみ）

1978年生まれ．成蹊大学法学部准教授．専攻は国際政治史，ヨーロッパ政治史．

著書『中欧の模索』（創文社，2010年）

『アデナウアー』（中公新書，2014年）

ニュルンベルク裁判《さいばん》
中公新書 2313

2015年4月25日発行

著　者　A・ヴァインケ
発行者　大橋善光

本文印刷　三晃印刷
カバー印刷　大熊整美堂
製　　本　小泉製本

発行所　中央公論新社
〒104-8320
東京都中央区京橋 2-8-7
電話　販売 03-3563-1431
　　　編集 03-3563-3668
URL http://www.chuko.co.jp/

Published by CHUOKORON-SHINSHA, INC.
Printed in Japan　ISBN978-4-12-102313-1 C1222

中公新書刊行のことば

いまからちょうど五世紀まえ、グーテンベルクが近代印刷術を発明したとき、書物の大量生産は潜在的可能性を獲得し、いまからちょうど一世紀まえ、世界のおもな文明国で義務教育制度が採用されたとき、書物の大量需要の潜在性が形成された。この二つの潜在性がはげしく現実化したのが現代である。

いまや、書物によって視野を拡大し、変りゆく世界に豊かに対応しようとする強い要求を私たちは抑えることができない。この要求にこたえる義務を、今日の書物は背負っている。だが、その義務は、たんに専門的知識の通俗化をはかることによって果たされるものでもなく、通俗的好奇心にうったえて、いたずらに発行部数の巨大さを誇ることによって果たされるものでもない。現代を真摯に生きようとする読者に、真に知るに価いする知識だけを選びだして提供すること、これが中公新書の最大の目標である。

私たちは、知識として錯覚しているものによってしばしば動かされ、裏切られる。私たちは、作為によってあたえられた知識のうえに生きることがあまりに多く、ゆるぎない事実を通して思索することがあまりにすくない。中公新書が、その一貫した特色として自らに課すものは、この事実のみの持つ無条件の説得力を発揮させることである。現代にあらたな意味を投げかけるべく待機している過去の歴史的事実もまた、中公新書によって数多く発掘されるであろう。

中公新書は、現代を自らの眼で見つめようとする、逞しい知的な読者の活力となることを欲している。

一九六二年一一月

中公新書

哲学・思想

1	日本の名著	桑原武夫編
2113	近代哲学の名著	熊野純彦編
1999	現代哲学の名著	熊野純彦編
2187	物語 哲学の歴史	伊藤邦武
2288	フランクフルト学派	細見和之
2300	フランス現代思想史	岡本裕一朗
2036	日本哲学小史	熊野純彦編著
832	外国人による日本論の名著	佐伯彰一・芳賀徹編
1696	日本文化論の系譜	大久保喬樹
2243	武士道の名著	山本博文
312	徳川思想小史	源了圓
2097	江戸の思想史	田尻祐一郎
2276	本居宣長	田中康二
1989	諸子百家	湯浅邦弘
2153	論語	湯浅邦弘
36	荘子	福永光司
1695	韓非子	冨谷至
1120	中国思想を考える	金谷治
2042	菜根譚	湯浅邦弘
2220	言語学の教室	西村義樹・野矢茂樹
1862	入門！論理学	野矢茂樹
448	詭弁論理学	野崎昭弘
593	逆説論理学	野崎昭弘
2087	フランス的思考	石井洋二郎
1939	ニーチェ ツァラトゥストラの謎	村井則夫
2257	ハンナ・アーレント	矢野久美子
674	時間と自己	木村敏
1829	空間の謎・時間の謎	内井惣七
814	科学的方法とは何か	浅田彰・黒田末寿・佐和隆光・長野敬・山口昌哉
1333	生命知としての場の論理	清水博
2176	動物に魂はあるのか	金森修
2166	精神分析の名著	立木康介編著
2203	集合知とは何か	西垣通
2222	忘れられた哲学者	清水真木

世界史

e2

中公新書

現代史

2105 昭和天皇　古川隆久
2309 朝鮮王公族―帝国日本の準皇族　新城道彦
2212 近代日本の官僚　清水唯一朗
765 日本の参謀本部　大江志乃夫
632 海軍と日本　池田　清
881 後藤新平　北岡伸一
2192 政友会と民政党　井上寿一
377 満州事変　臼井勝美
1138 キメラ―満洲国の肖像（増補版）　山室信一
1232 軍国日本の興亡　猪木正道
2144 昭和陸軍の軌跡　川田　稔
76 二・二六事件（増補改版）　高橋正衛
2059 外務省革新派　戸部良一
1951 広田弘毅　服部龍二
1532 新版 日中戦争　臼井勝美

795 南京事件（増補版）　秦　郁彦
84 90 太平洋戦争（上下）　児島　襄
244 248 東京裁判（上下）　児島　襄
1307 日本海軍の終戦工作　纐纈　厚
2119 外邦図―帝国日本のアジア地図　小林　茂
2015 「大日本帝国」崩壊　加藤聖文
2296 日本占領史 1945-1952　福永文夫
2175 残留日本兵　林　英一
2060 原爆と検閲　繁沢敦子
828 清沢《きよさわ》洌《きよし》（増補版）　北岡伸一
2171 治安維持法　中澤俊輔
1759 言論統制　佐藤卓己
2284 言論抑圧　将基面貴巳
1711 徳富蘇峰　米原　謙
1243 石橋湛山　増田　弘
2186 田中角栄　早野　透
1976 大平正芳　福永文夫

1574 海の友情　阿川尚之
1875 「国語」の近代史　安田敏朗
2075 歌う国民　渡辺　裕
1804 戦後和解　小菅信子
1900 「慰安婦」問題とは何だったのか　大沼保昭
1990 「戦争体験」の戦後史　福間良明
1820 丸山眞男の時代　竹内　洋
2237 四大公害病　政野淳子
1821 安田講堂 1968-1969　島　泰三
2110 日中国交正常化　服部龍二
2137 国家と歴史　波多野澄雄
2150 近現代日本史と歴史学　成田龍一
2196 大原孫三郎―善意と戦略の経営者　兼田麗子
2301 核と日本人　山本昭宏
2317 歴史と私　伊藤　隆

現代史

f2